学校事務
ベーシック

4

教育ICTが
よくわかる本

総務・財務をつかさどり、
教育支援を進めるためのICT活用

柳澤靖明・前田雄仁 [編著]

はじめに──「ベーシック」としての教育ICT

　学校事務ベーシック、シリーズ第4弾は「教育ICT」領域を扱います。

　本書では、教育ICTを〈教育に関連するICT機器とその周辺や技術〉と定義し、その活用における理論的な部分とその背景、学校事務領域からの実践を示していきます。

　教育ICTに関連する業務として、コンピュータ、プリンター、プロジェクター、デジタル教材、タブレットなどやその周辺機器の購入があります。そしてその管理や保守、修理の関連業務も含まれていきます。また、それらの操作方法や情報提供、研修の企画や運営も必要になるでしょう。切り口を変えれば、教育ICT機器を使用して作成した情報（保護者や職員の情報、子どもの成績など）の管理や運用も関連した業務といえます。このように、一言で教育ICTといってもさまざまな業務が存在しています。

　そのなかでも本書が射程とするのは、事務職員の専門性を生かすべき職務とされる業務です。「ICTが好き」「パソコンは得意」という事務職員も多いでしょうし、若手のそれは特にあるように思います。しかし、「好き」や「得意」が高じた実践では、属人性を排除しきれないため、職の専門性向上にはつながりません。その学校における活躍だけでは、その学校における個人の自己有用感が高まるだけです。さらに、それは便利屋の枠を越えず、主体性も失われていきます。そのため、本書では「教育政策や法令、教育活動とICT」を理論的に整理し（第1章）、「事務職員の専門性を生かした実践例」（第2〜4章）へとつなげていきます。

　本書のおもな対象読者は、教育ICTについて基本的なことを学びたいと考えている事務職員です。しかし、それだけではなく学校経営や運営を担う管理職に向けた教育ICTの入門書として活用できたり、教育委員会事務局の教育ICTを所管している職員に対しても現場の状況や実践を把握するための事例集として活用できたりするような工夫を凝らしました。

　教育ICTの仕事にかかわるみなさまが、本書を「基本的なガイドブック」として捉え、手元に置いていただけることを願います。

編著者・柳澤靖明

目 次

（資料一覧）

第1章

教育ICTと学校事務をつなげるための理論

1　国政・教育政策と関係法令の整理

●情報・デジタル化政策の流れと法令

ICTとは、Information and Communication Technologyの略語であり、日本語に直すと「情報通信技術」です。似た言葉にITがあります。これは、Information Technologyとされ、ICTからCommunicationが抜けた概念です（日本語では「情報技術」とされています）。後者は、情報技術そのものを表す場合に用いることが多く、前者はその通信や伝達も含めた概念と整理ができます。そのため、教育現場では通信技術の活用や伝達方法などが重視されるため、前者のICTが使われています。本書でも、基本的にはICTを用い、概念も同様に捉えていきます。

2000（平成12）年に、いわゆるIT基本法[1]が成立し、高度情報通信ネットワーク社会を実現していくために必要な理念や方針が定められました[2]。政策としても「e-Japan戦略」を掲げ、「世界最先端のIT国家」[3]をめざすとされてきました。そして、「e-Japan」から「u-Japan」（u＝ユビキタス[4]）へ引き継がれ、ICT利活用などが推進されていきます。その後、ユビキタスからモノのインターネットと呼ばれるIoT（Internet of Things）へ発展し、あらゆるモノがインターネットにつながっていきました。

2016（平成28）年には、「第5期科学技術基本計画」が閣議決定され、「人

1　正式名称は、「高度情報通信ネットワーク社会形成基本法」。

2　稲葉（2023：p.110）は、「高度情報通信ネットワーク社会形成基本法」の制定が日本における「デジタル化」の起点であると述べている。そのため、本書でも起点とした。

3　総務省ウェブサイト「『e-Japan戦略』の今後の展開への貢献」（https://www.soumu.go.jp/menu_seisaku/ict/u-japan/new_outline01.html）（最終閲覧日2023.11.28）。

4　デジタル大辞泉「身の回りのあらゆる場所にあるコンピューターや情報機器が、相互に連携して機能するネットワーク環境や情報環境のこと」（https://kotobank.jp/dictionary/daijisen/3310/）（最終閲覧日2023.11.28）。

がサイバー空間に存在するクラウドサービス（データベース）にインターネットを経由してアクセスして、情報やデータを入手し、分析を行ってき」た情報社会（Society4.0）から超スマート社会とされる「サイバー空間（仮想空間）とフィジカル空間（現実空間）を高度に融合させたシステム」により「Society5.0」の実現がめざされています[5]。

2018（平成30）年では、「あらゆる産業において、新たなデジタル技術を使ってこれまでにないビジネス・モデルを展開する新規参入者が登場し、ゲームチェンジが起きつつある」なか、「各企業は、競争力維持・強化のために、デジタル・トランスフォーメーション（DX：Digital Transformation）」の推進が求められてきました[6]。DXとは、「デジタル化により社会や生活の形・スタイルが変わること」と定義づけられています[7]。

2020（令和2）年になると、IT基本法から20年を経て、いわゆるデジタル庁関連法として、その後法であるデジタル社会形成基本法[8]が成立しました。同時にデジタル庁も設置され、同法の定めによれば「デジタル社会（‥）の形成についての基本理念（‥）にのっとり、デジタル社会の形成」「重点的な遂行」を図るという任務が与えられました[9]。そして、「誰一人取り残されない、人に優しいデジタル化」[10]を推進しています。

以下では、各省庁の動きを確認します。特に教育とのかかわりが強い、

5　内閣府ウェブサイト「Society 5.0」（https://www8.cao.go.jp/cstp/society5_0/）（最終閲覧日2023.11.28）。

6　経済産業省ウェブサイト「DXレポート ～ITシステム「2025年の崖」克服とDXの本格的な展開～」（https://www.meti.go.jp/shingikai/mono_info_service/digital_transformation/20180907_report.html）（最終閲覧日2023.11.29）。

7　中小企業庁ウェブサイト（ミラサポplus）「『デジタル・トランスフォーメーション』DXとは何か？ IT化とはどこが違うのか？」（https://mirasapo-plus.go.jp/hint/15869/）（最終閲覧日2023.11.29）。同ページで紹介するDXの例「Amazonは『消費者にモノを売る』というサービスを、『店舗へ買い物に行く』という消費者行動を『デジタル化』により大きく『変革』した」と説明している。

8　「デジタル社会の形成が、我が国の国際競争力の強化及び国民の利便性の向上に資するとともに、急速な少子高齢化の進展への対応その他の我が国が直面する課題を解決する上で極めて重要であることに鑑み、デジタル社会の形成に関し、基本理念及び施策の策定に係る基本方針を定め、国、地方公共団体及び事業者の責務を明らかにし、並びにデジタル庁の設置及びデジタル社会の形成に関する重点計画の作成について定めることにより、デジタル社会の形成に関する施策を迅速かつ重点的に推進し、もって我が国経済の持続的かつ健全な発展と国民の幸福な生活の実現に寄与することを目的」とした法律（同法第1条）。

9　デジタル庁設置法第3条。

総務省や経済産業省、そして文部科学省の教育ICT政策を整理します。

● 総務省の教育ICT政策[11]

　国民の生活基盤を支える総務省においてもICTは重要な政策となっています。その成長戦略や利活用の促進は、特に力を入れている領域とされています。そして、ICT利活用の促進には「教育・人材」を柱にした政策として「誰でもいつでもどこでも最先端の学習環境を実現するため、クラウド等を活用した、低コストで利用可能な教育ICTシステムの環境構築や若年層に対するプログラミング教育の推進」が掲げられています。

　総務省では、ICTを「学びを主体的・協働的・探究的なものにし（アクティブ）、個々の児童生徒に応じた最適なものにし（アダプティブ）、学びを妨げる障害を改善・克服させる（アシスティブ）など、様々な効果を持つツール」として捉え、「積極的かつ適正に利活用されるよう、教育の情報化を推進」しています。これまでにも学校教育にかかわる分野として、「ICTメディアリテラシーの育成」や「プログラミング教育の普及推進」などに取り組んでいます。現在でもネットトラブルやリテラシーに関すること、それに加えて「教育・学習分野におけるデータ連携の推進」に力を入れています。

　具体的には、GIGAスクール構想（文部科学省）による端末の配備やオンライン学習の普及から「学習履歴の把握」（学習者側）、「学習者が利用する異なるシステム間でのデータ連携を可能にする通信の在り方」（指導者側）について調査、検討が進められています。

● 経済産業省の教育ICT政策[12]

　経済および産業の発展、エネルギーなどの各種資源にかかわる経済産業省では「未来の教室〜learning innovation〜」というウェブサイトを立ち上げ、教育ICTひいてはDXに取り組んでいます。そのねらいとして「一

10　デジタル庁ウェブサイト「デジタル社会の実現に向けた重点計画」（https://www.digital.go.jp/policies/priority-policy-program#priority-policy-program）（最終閲覧日2023.11.28）。
11　総務省ウェブサイトを参照（「」内はサイトから引用）。
12　経済産業省「未来の教室〜learning innovation〜」ウェブサイトを参照（「」内はサイトから引用）。

人ひとりが未来を創る当事者（チェンジ・メイカー）に育つこと」とし、「時代に合わせて変化する必要性」を述べています。

　具体的なビジョンとして、以下の3つを柱にあげています。

　　①学びのSTEAM[13]化

　　②学びの自律化・個別最適化

　　③新しい学習基盤づくり

「学びのSTEAM化」＝STEAM教育とは、「これからやってくる、より高度なIT社会に対応できる教育だけでなく、問題解決活動を通じて、一人一人が自ら新たな未来を創り出せるよう、実社会と学びの活動をつなぐ創造的な教育」（大谷2022：p.107）とされる学びの方法です。「学びの自律化・個別最適化」は、学習の当事者として自分に合った方法を自己決定できる学びのありかたといえます。

　経済産業省のICT政策としては、「新しい学習基盤づくり」（学習者中心、デジタル・ファースト、社会とシームレスな学校へ）がポイントになると考えます。たとえば、政策課題にもあげられている内容として「EdTech」[14]の活用にICTインフラが貧弱であることや、さらなる「ICT環境の整備」（パソコン、5G[15]、クラウド、BYOD[16]など）があります。

　具体的な取組には、「学校BPR」[17]の手法を取り入れた「学校における働き方改革」があります。例としてあげられている取組に「やるべきことを抜本的に見直し、ICTを用いて効率化を図ることで、自己研鑽や各児童・生徒と向き合うための余裕」を生むことです。そのために、「学校のICTインフラ」（「生徒情報の管理システムの導入」や「採点・評価業務の自動化」、「保護者対応のデジタル化」など）を整備する提案をしています。ほかにも、「STEAMライブラリー」や「EdTechライブラリー」というアーカイブページでは、民間企業とICTやデジタルを通じたコラボレーション

13　Science, Technology, Engineering, Art（s）, Mathematicsの頭文字をとった名称。

14　Education（教育）とTechnology（技術）を組み合わせた造語であり、テクノロジーを用いて教育を支援すること。

15　「高速大容量通信」のこと。

16　Bring Your Own Deviceの頭文字をとった名称で、日本語釈すると「私的な機器を持ち込む」こと。

17　Business Process Re-engineeringの頭文字をとった名称で、おもに民間企業で用いられている働き方改革の手法を学校に適用している。

事業の実証成果が発信されています。また、ICTやデジタルツールを活用した「部活改革（未来のブカツ）」研究も進んでいます。

　以上のように、経済産業省でも独自のさまざまな教育事業が展開されています。しかし、「新しい学習指導要領のもとで、1人1台端末とさまざまなEdTech（エドテック）を活用した新しい学び方を実証」とあるように、ここでもGIGAスクール構想（文部科学省）がベースの政策としてあります。

● 文部科学省の教育ICT政策

　教育をはじめ、学術やスポーツ、そして文化や科学技術などを所管する文部科学省においては、GIGAスクール構想こそが現在の中心的な教育ICT政策といえますが、ここまでの歴史をさかのぼりながら大きな動きを紹介していきます。

　1985（昭和60）年「学校教育設備整備費等補助金（教育方法開発特別設備）以降、日本では教育用コンピュータ整備のための補助金と学習指導要領と連動した教材整備の指針と予算が確保されてきた」（林2012：p.142）とあります。そして、1990（平成2）年からは「コンピュータ教室を設置する五か年計画により、平均およそ56億円が投入され」（福嶋2012：p.291）、現在も活用されている「教育の情報化に関する手引」の元祖である「情報教育の手引き」も作成されました。その後、学習指導要領にも情報教育が組み込まれていき、体系的に推進されていきます。

　2009（平成21）年には、学校ICT環境整備事業[18]が始動しました。この事業の目的は、2011（平成23）年の地上デジタル放送に対応するため、アナログテレビからデジタルテレビへの買い替えとその環境整備があります。また、校務用のパソコンや校内LANの設備、電子黒板の設置なども同時に進められました。

　2019（令和元）年4月、改正学校教育法が施行され「令和2年度から実施

18　学校ICT環境整備事業補助金等を主体とする事業（補助率1/2）。2009（平成21）年度の補正予算で事業化された。地方自治体の半額は、「地域活性化・経済危機対策臨時交付金」が前提にある。学校の耐震化推進事業と合わせて「『スクール・ニューディール』構想」と呼ばれていた。

される新学習指導要領を踏まえた『主体的・対話的で深い学び』の視点からの授業改善」「特別な配慮を必要とする児童生徒等の学習上の困難低減」を目的に、学習者用デジタル教科書の使用が制度化されました[19]（学校教育法第34条第2項）。そして、同年12月には「GIGAスクール実現推進本部」が立ち上がり、「学校における高速大容量のネットワーク環境（校内LAN）の整備」と「児童生徒一人ひとりがそれぞれ端末を持ち、十分に活用できる環境の実現を目指す」とされ、その実現を文部科学大臣は「令和の時代における学校の『スタンダード』」と表現しました[20]。当初は、2023（令和5）年度までに実現をめざすスケジュールでしたが、2020（令和2）年からのいわゆる「コロナ禍」がその実現を早めています。

　2022（令和4）年3月時点の調査[21]によれば、児童生徒0.9人に1台「教育用コンピュータ」が整備されたとされ、それは全国平均で1人1台以上の整備が達成されたことになります。合わせて、「普通教室の無線LAN整備」94.8％、「インターネット接続」99.4％が整備済みという状況もわかりました。これらのことから、GIGAスクール構想の実現＝「令和の時代における学校の『スタンダード』」が整ったことにもなります。

　また、「教員の校務用コンピュータ」整備率125.4％と100％を超えても上昇している傾向、「普通教室の大型提示装置」（83.6％）「指導者用デジタル教科書」（81.4％）「統合型校務支援システム」（81.0％）の整備率も高まり、教育ICT機器の整備が進んでいることもわかります。

　GIGAスクール構想により整備された端末を「普段使い」による教育活動の推進や「日常的に活用」していくため、「リーディングDXスクール」[22]や「StuDX Style」[23]というターミナルサイトも運用しています。

●学校教育の情報化

　2018（平成30）年、Society5.0時代に向けて「遠隔教育の推進による先

19　文部科学省ウェブサイト「学習者用デジタル教科書について」（https://www.mext.go.jp/a_menu/shotou/kyoukasho/seido/1407731.htm）（最終閲覧日2023.12.8）。

20　文部科学省ウェブサイト「GIGAスクール実現推進本部について」（https://www.mext.go.jp/a_menu/other/1413144_00001.htm）（最終閲覧日2023.12.8）。

21　「令和3年度学校における教育の情報化の実態等に関する調査結果（概要）」令和4年10月〔確定値〕。

進的な教育の実現」「先端技術の導入による教師の授業支援」「先端技術の活用のための環境整備」を柱とした政策「新時代の学びを支える先端技術のフル活用にむけて〜柴山・学びの革新プラン〜」を経て、2019（令和元）年には「新時代の学びを支える先端技術活用推進方策（最終まとめ）」[24]が公表されました。

この方策では、多様化している子どもたちを「誰一人取り残すことのない、公正に個別最適化された学び」の実現をめざすために、学校や教師の役割が再整理されました。ここでも、ICT環境整備のあるべき姿と現状の課題に触れられています。たとえば、「学校のICT環境は、文房具と同様に教育現場において必要不可欠である」という指摘がされています。そして、「公費以外による整備等について、『ICT活用教育アドバイザー』や総務省・経済産業省等と連携して検討・随時情報提供」という記述もあり、前述した経済産業省のBYODにも重なるイメージが構想されています。

以上の政策を踏まえた法律、学校教育の情報化の推進に関する法律[25]も2019（令和元）年に施行されています。

● 学校教育の情報化の推進に関する法律

学校教育の情報化とは、「学校の各教科等の指導等における情報通信技術の活用及び学校における情報教育（‥）の充実並びに学校事務（‥）における情報通信技術の活用」と定義されています（第2条第2項）。

そして、6つの基本理念が以下のように定められています（第3条）。

---

22 「GIGA端末の標準仕様に含まれている汎用的なソフトウェアとクラウド環境を十全に活用し、児童生徒の情報活用能力の育成を図りつつ、個別最適な学びと協働的な学びの一体的な充実や校務DXを行い、全国に好事例を展開する」目的で公開されているサイト。

23 スタディーエックススタイルと読み、GIGAスクール構想の浸透や学びを豊かに変革していく目的で公開されているサイト。「各教科等での活用」事例や「STEAM教育等の教科等横断的な学習の推進」事例も掲載されている。

24 2019（平成31）年3月にも「中間まとめ」を公表している。

25 「デジタル社会の発展に伴い、学校における情報通信技術の活用により学校教育が直面する課題の解決及び学校教育の一層の充実を図ることが重要となっていることに鑑み、全ての児童生徒がその状況に応じて効果的に教育を受けることができる環境の整備を図るため、学校教育の情報化の推進に関し、基本理念を定め、国、地方公共団体等の責務を明らかにし、及び学校教育の情報化の推進に関する計画の策定その他の必要な事項を定めることにより、学校教育の情報化の推進に関する施策を総合的かつ計画的に推進し、もって次代の社会を担う児童生徒の育成に資すること」を目的とした法律である（同法第1条）。

①「情報通信技術の特性を生かし」て、子どもの能力や特性などに応じた教育の実施、双方向性のある「主体的な学習を促す」教育の実施

②「デジタル教材を活用した学習」とそれ以外の教材を活用した学習を「組み合わせ」た、「多様な方法による学習」の推進

③すべての子どもが、「その家庭の経済的な状況」や「障害の有無」などにかかわらず、「等しく、学校教育の情報化の恵沢を享受」

④「情報通信技術を活用した学校事務の効率化」により、「教職員の負担が軽減され」、「教育の充実」を図る

⑤「個人情報の適正な取扱い」及び「サイバーセキュリティの確保」を図る

⑥「情報通信技術の利用」が、子どもの「健康や生活等に及ぼす影響」に配慮

　特に、④学校事務を効率化することにより、教職員の負担軽減をめざし、教育の質を向上させる——その達成に対しても、国は「研修」（第14条）や「環境整備」（第15条）に必要な施策を講ずることとされています。ICTを活用した学校事務の効率化は、学校事務をつかさどる事務職員の役割ともいえるでしょう。

　詳しくは次節で説明していきます。

（栁澤　靖明）

2 事務職員の職務領域から整理（総務・財務）

● 事務職員の職務内容と専門性

2020（令和2）年、文部科学省は「事務職員の標準的な職務」を通知しました[1]（以下、標準職務通知）。この通知は、2019（平成31）年に出された中央教育審議会答申——いわゆる「働き方改革答申」[2]を踏まえて作成されたものです。さらにさかのぼれば、その答申も2015（平成27）年の同審議会3答申（チームとしての学校、教員の資質・能力向上、地域とともにある学校）[3]がベースにあります。また、その答申を受けて文部科学省は、2016（平成28）年「『次世代の学校・地域』創生プラン（馳プラン）」により、学校教育法の改正（事務職員の職務規定を「つかさどる」へ変更）[4]を提言していました。

事務職員の職務は、その服務監督者である教育委員会が定めます。そのため、実効力を伴った標準職務の策定は、学校管理規則などで定めたものになりますが、標準職務通知を参考として用いることに異論はないと考えます（——事務職員の職務内容を「標準職務通知」に依拠する理由）。

標準職務通知では、学校管理規則がその具体を要綱に委任して定める例が示されています。そこには標準職務の内容（第2条・第3条）、校務運営への参画方法や例、専門性への期待が書かれ（第4条）、その専門性の具体に「総務・財務等」があげられています。そして、別表に具体的な「職務内容とその例」がまとめられ、「総務」と「財務」が筆頭に置かれています（——事務職員の専門性を「総務・財務」とした理由）。

1　文部科学省「事務職員の標準的な職務の明確化に係る学校管理規則参考例等の送付について（通知）」令和2年7月17日。
2　中央教育審議会「新しい時代の教育に向けた持続可能な学校指導・運営体制の構築のための学校における働き方改革に関する総合的な方策について（答申）」平成31年1月25日。
3　中央教育審議会「チームとしての学校の在り方と今後の改善方策について（答申）」「これからの学校教育を担う教員の資質能力の向上について ～学び合い、高め合う教員育成コミュニティの構築に向けて～（答申）」「新しい時代の教育や地方創生の実現に向けた学校と地域の連携・協働の在り方と今後の推進方策について（答申）」平成27年12月21日。
4　2017（平成29）年3月31に学校教育法が改正され、その翌日から施行された。それに伴い、事務職員の職務規定は「事務に従事する」から「事務をつかさどる」（学校教育法第37条14項）と変更された。

● **事務職員のICTにかかわる職務内容**

標準職務通知で示された「職務内容とその例」は、別表第一「事務職員の標準的な職務の内容及びその例」【資料1-2-1】で事務職員の専門性を生かした標準職務の具体を示し（総務・財務・管財・事務全般領域）、別表第二「他の教職員との適切な業務の連携・分担の下、その専門性を生かして、事務職員が積極的に参画する職務の内容及びその例」【資料1-2-2】ではその専門性を発揮して他職種と連携や分担による校務運営への参画例が示されています。

そのなかには、ICTに関する「教具の整備や維持・管理」、その「整備計画の策定」が職務として示されています。さらに、事務職員の専門性を生かして他職種との協働が求められる職務にも、「カリキュラム・マネジメントの推進に必要な人的・物的資源等の調整・調達等（ICTを活用した教育活動に資するものを含む）」「教育活動におけるICTの活用支援」があります。このことから「教育ICT」という教育政策には、事務職員の実践も欠かせないと考えられます。そのベースとして、「端末活用の日常化を支える支援基盤構築」を文部科学省は、2024（令和6）年度予算に組み込んでいます[5]（支援人材の育成として、「教師」だけではなく「事務職員」も対象）。

文部科学省は「教諭の標準的な職務」も事務職員版と同日に通知しています[6]。それには、「ICT」と書かれた職務はありません。「学習指導に関すること」に内包されていると想定できますが、「事務職員との分担・協働についても適切に図られるよう」という文言を解釈すれば、「ICT機器」にかかわる領域は「教諭」よりも事務職員を想定していると考えられるでしょう。

● **ICT支援員との関係を整理し、事務職員の固有性を見出す**

情報通信技術支援員（いわゆるICT支援員）は、2021（令和3）年に改正された学校教育法施行規則で定められた職員[7]です。その職務規定は、

5　「令和6年度 予算（案）主要事項」（GIGAスクール運営支援センター整備事業）。
6　文部科学省「教諭等の標準的な職務の明確化に係る学校管理規則参考例等の送付について（通知）」令和2年7月17日。

「教育活動その他の学校運営における情報通信技術の活用に関する支援に従事する」とされています。具体的な職務は、「ICT支援員の必要性」として文部科学省が示しています[8]。それには、「校内にICT機器が増えることで、操作の習得やICTを活用した授業改善、機器の設置準備」など、新たな教員の業務が発生し、その負担を「解消するために、学校ICTの専門家であるICT支援員を配置する」と書かれています。

　このように事務職員の標準職務と類似している部分があります。そのため、ICT支援員が配置されていない場合などは、事務職員がその職務を担うべきと考えられなくもありません。しかし、事務職員の職務は、その「専門性を生かし」つかさどる業務が前提にあり、教員の負担解消とされるICT支援員の業務とは区別されると考えます。

　事務職員は、「総務・財務等に通じる専門職」[9]という立場から、ICT活用の支援、整備や維持・管理、そして調整・調達にかかわるべきだと整理できます（──本書における実践紹介のコンセプトを「総務」「財務」「教育活動」とした理由）。

● **総務・財務領域の視点**

　教育ICTにおける総務・財務領域は、広範囲に及びます。

　標準職務通知が示す「教具の整備や維持・管理」においては、ICT教具（端末・キーボード・タッチペン・ヘッドセット・カメラ・スピーカー・モニター・プロジェクター・プリンターなど）の管理（総務）や整備・維持（財務）があります。そして、その「整備計画の策定」（総務・財務）として、端末の更新計画や周辺機器の整備計画、それらの保守契約なども含まれると考えられます。また、「カリキュラム・マネジメントの推進に必要な人的・物的資源等の調整・調達等（ICTを活用した教育活動に資するものを含む）」とあるように、モノだけではなくヒトの調整も総務・財務領域にかかわってきます。たとえば、コミュニティ・スクール（学校運

7　第65条の5。
8　「新学習指導要領に則した学びを実現するためにICT支援員の配置を」という文部科学省発行パンフレット（平成30年3月）から引用。
9　中央教育審議会「『令和の日本型学校教育』の構築を目指して〜全ての子供たちの可能性を引き出す，個別最適な学びと，協働的な学びの実現〜（答申）」令和3年1月26日。

営協議会）を通じた地域学校協働本部によるICT支援ボランティアを募集（総務）したり、講師謝礼（財務）を払ったりする業務が考えられます。

　ここでは、数ある業務から端末の「整備及び維持・管理」についてピックアップします。前節で説明をした「GIGAスクール構想」により実現した1人1台の端末です。2022（令和4）年3月時点（1人1台の端末配付完了）までをGIGAスクール第1期とし、それ以降を第2期とします。

　第1期のときは、国庫補助＋各種交付金などの活用により、市町村の支出を抑えられていましたが、「予備となるもの（故障対応の機器等）」はその対象外とされていました[10]。そのため、自治体によっては予備の不足や修理費の私費負担という問題が起きています。その点の改善や端末更新費用の確保に向けた（第2期）、2023（令和5）年度補正予算が成立し、必要な経費の確保を目的として、都道府県に基金（5年間）が造成されました[11]。その基金は市町村への補助率2/3ではあるものの予備機（15%以内）も対象とされています。しかし、このことにより第1期で生じていた問題がどれだけ改善されるのかは、まだわかりません。ある自治体では、予備機が底をつき、業者も修理が追いつかず、年度当初から不足状態が続き、1人1台の端末配付が実態として達成されたのは、2学期も終わった年末だったと聞きます。

　それでは、第1期における問題を「総務・財務」領域から確認し、事務職員がその専門性を発揮していくべき業務について、具体的に考えていきましょう。

　まず、端末の破損対応です。ある自治体では、「過失のない破損」は公費（自治体）負担で対応するとされていますが、学校敷地内の使用に限定され、登下校を含めた自宅における破損は私費（保護者）負担となるようです。さらに、その内容が書かれた借用書にサインを求め、保護者に弁償の同意をさせているようなところ、私費負担を前提とした「物損保険への加入」を勧めているところもありました。また、私費ではなく公費で破損

10　文部科学省「『GIGAスクール構想の実現』に関する補助事業の概要について」令和2年1月16、17日。

11　文部科学省「令和5年度予算補正予算（第1号）」令和5年11月29日――端末基準額も4.5万円から5.5万円へ増額されている。

の対応をしている自治体もあります。大きくは、ワンタイムコスト（修理代の実費払い、購入時の保守契約など）とランニングコスト（物損保険料の支払い、修理費込みのリース契約など）に分かれていました。

端末代金は公費であるし、破損は自己責任——という論理でその費用を安易に私費へ転嫁するのではなく設置者負担の原則[12]により公費保障を求めていくことが必要です。端末の物損保険料は、年間500〜1,500円前後くらいで補償額のプランなどによって差があるようです。加入の方法は、個人契約ではなく学校単位の契約が原則となっているため、保険に加入する場合は、子どもの人数×掛け金を支払う必要があります。学校単位の契約であり、全員の加入が条件という流れから、補助教材費としてワークやドリルなどといっしょに「端末の物損保険料○○円」という私費に誘導されてしまうことや、PTAや後援会などがその費用を予算化することも考えられます。

しかし、逆にひとりあたりの金額が固定化されている場合や自治体内の学校すべてが適用される場合は、公費保障を求めていくハードルは下がると考えます[13]。そのため、保険料を公費負担するという方針が定まれば、予算化はそれほど難しくありません。もちろん、財務領域だけではなく、総務領域としての管理や使用方法の提案も同時に担っていくことが求められるでしょう。

続いて、端末本体の費用です。前節で説明したように、端末は「個人文房具」（BYOD）という認識の広がりもあります。極論、「タブレット＝えんぴつとノート」という認識が進むことで、文房具は私費負担があたりまえという状態の日本は、端末も私費負担があたりまえという社会になってしまうかもしれません。第2期では、基金の造成により公費保障が前提となりましたが、それ以降の継続は危ぶまれます[14]。また、本体以外のケースやペンなどは、すでに私費となっている事例も多く聞きます。費用負担

12　学校教育法第5条「学校の設置者は、その設置する学校を管理し、法令に特別の定のある場合を除いては、その学校の経費を負担する」。
13　昨今、無償化が広がっている学校給食のように、自治体がその単価を決められ、提供人数も固定されている場合、それらを乗ずることで必要な費用を算出できるからである。これと同様に、自治体がその補償額プランを決め、端末の使用者数で乗ずることで必要な費用が算出できる。

に関しては、財務領域をつかさどる事務職員の職務として捉え、「維持・管理」「整備計画の策定」にかかわっていくことが必要です。

　財源確保の問題は避けて通れませんが、本体以外の付属品程度なら予算編成や執行などに工夫を凝らすことで、公費保障はじゅうぶん可能だと考えます[15]。また、端末代に関しても政策を注視しながら、自治体に対して現場を代表し、現状報告や必要な予算要求に努めていくことが「総務・財務」領域に専門性が求められている事務職員のありかただと考えます。

● 教育活動の視点

　教育活動の領域では、標準職務通知が示す「ICTを活用した教育活動に資するもの」の調整や調達として「カリキュラム・マネジメント」とのかかわりから、その推進に必要な「物的資源」、それと合わせて「教育活動におけるICTの活用支援」という観点で、デジタル・オンライン教材（以下、デジタル教材）について考えます。

　デジタル教材については、文部科学省も「たのしくまなび隊」[16]というページをつくり、「子どもたちの『知りたい！』『やってみたい！』を応援」するために各種オンライン・コンテンツを提供しています。教科書会社を始め、各種企業などが提供しているコンテンツ（リンク集）に、「やりたいこと」（実験したい、体験したい、調べたいなど）や「学年」などから検索し、アクセスできる構造となっています。管見したかぎりでは、すべて無料でした。1人1台端末が整備され、ひとりひとりがその興味に適したコンテンツに自らアクセスしていくこと、いわば「個別最適な学び」[17]をフォローしているともいえるでしょう。

14　内閣府（2021）「これまでの議論を踏まえた論点整理～「財源」の確保・再配分について～（案）」（https://www8.cao.go.jp/cstp/tyousakai/kyouikujinzai/3kai/siryo1-1.pdf）や経済産業省（2021）「産業構造審議会 教育イノベーション小委員会 学びの自律化・個別最適化WG 基礎資料」（https://www.meti.go.jp/shingikai/sankoshin/shomu_ryutsu/kyoiku_innovation/manabi_jidoka_wg/pdf/001_03_00.pdf）では、現状の私費負担を減らしてその分を端末代などに付け替えるような提言もされている（最終閲覧日2023.12.19）。

15　各教室にタッチペンを人数分用意している実践や英語科教室にヘッドセットを人数分用意している実践などがある。

16　文部科学省が「生涯学習の推進」と位置づけ、「自宅等で活用できる児童生徒向けの教材や動画等の情報提供」をしているサイト（https://tanoshikumanabitai.mext.go.jp/）（最終閲覧日2024.2.26）

官公庁だけではなく、教育サービスを提供する産業（ドリルやワークなどを作成し、販売している企業）もコンテンツを生み出しています。昨今、このような有料のデジタル教材を学校の補助教材として導入している事例も珍しくなくなりました。インターネット上にも、紹介・販売サイトが多く掲載されています。デジタル教材（オンラインドリルなど）を使用した予習や復習、さらにはテストまで含まれているコンテンツ——それだけではなく補講的な授業動画も視聴できるものがあります。

デジタル教材を「総務・財務」領域の視点で検討する前に、「補助教材」を定義しておきましょう。学校教育法にその定義があります。「教科用図書（‥）以外の教材で、有益適切なもの」を一般に補助教材と呼び、その「使用」が許可されています[18]。そのため、「有益適切」であるなら、デジタル教材も補助教材として使用可能です[19]。さらに、文部科学省も補助教材の適切な取り扱いについて各教育委員会へ、「補助教材の購入に関して保護者等に経済的負担が生じる場合は、その負担が過重なものとならないよう留意すること」と通知しています[20]。

このように、「有益適切」かつ「高すぎない」という条件がそろうことでデジタル教材の使用も許可されるでしょう。この条件を「教育活動」と照らし、検証していくことこそが「総務・財務」領域を専門にする事務職員の役割といえます。それでは、考えかたのポイントを示していきましょう。

まず、「有益適切」という条件です。この判断は正直、事務職員には難しいし、「教師の補助教材選定権」[21]（福嶋2020：p.30）とバッティングする領域です。しかし、デジタル教材を使用した授業の参観や研究協議には

17　文部科学省「育成を目指す資質・能力と個別最適な学び・協働的な学び」（https://www.mext.go.jp/a_menu/shotou/new-cs/senseiouen/mext_01491.html#a01）（最終閲覧日2023.12.19）によれば、「『個別最適な学び』について『指導の個別化』と『学習の個性化』に整理されており、児童生徒が自己調整しながら学習を進めていくことができるよう指導すること」とされている。

18　学校教育法第34条第4項。

19　その場合でも、地方教育行政の組織及び運営に関する法律第33条の2に基づき、「教科書以外の教材」を使用する場合は、「あらかじめ、教育委員会に届け出させ、又は教育委員会の承認を受けさせること」が必要であり、学校管理規則などによりそのことの「定めを設けるものとする」とされている。

20　文部科学省「学校における補助教材の適正な取扱いについて」平成27年3月4日。

参加できるでしょう。そのときに「総務・財務」領域から率直な意見を述べることは可能です。授業者が「有益適切」と考えたとしても学習者である子どもに対して「有益適切」であるかどうかの判断は授業内に限定した判断ができることともいえません。また、授業者の判断のみならず、学習者や保護者に対してもかかる条件だと考えます。たとえば、ワークやドリル、テストなどが端末上で利用できるという利点があり、荷物も減るし、狭い机上を有意義に使えます。しかし、補講的とはいえ、授業中に動画を流すだけで済ますような授業だとしたら、「有益適切」とはいえないのが現状かもしれません。事務職員は、ときに保護者の意見を代弁する立場が求められると考えます。特に財務領域ではその代弁が重要になります。

　もういっぽうの「高すぎない」という条件です。デジタル教材には無料版もありますが、多くは有料版です。いくらまでが妥当なのか、という線引きは示されていません。現状の補助教材をすべてデジタル教材へと移行させる場合、その費用が同額であればよいという問題でもありませんし、調理実習などの実習材料はデジタル化されるとは思えませんし、意味もありません。いま、さまざまなものが、ペーパーからデジタルへ移行する過渡期であり、ペーパーベースの補助教材とデジタルのそれが、内容的に重複していないかという総務領域の視点による検証は可能でしょう。それにより、総合的に「高すぎない」という条件を確認することができます。

　また、「有益適切」かつ「高すぎない」を検証する実践として有効なのが「教材等費用対効果検証シート」（栁澤2019：pp.109-110）です。デジタル教材も、その教材としての「費用対効果」を検証することが大切であり、その行為を促していくことは「総務・財務」領域を担う事務職員の業務といえるでしょう。

（栁澤　靖明）

21　教師の教育権には、授業内容編成権や教科書使用裁量権、教育評価権、生徒指導権、懲戒権
　　に加えて、補助教材選定権がある。

資料1-2-1　別表第一（第二条関係）事務職員の標準的な職務の内容及びその例

	区分	職務の内容	職務の内容の例
1	総務	就学支援に関すること	就学援助・就学奨励に関する事務
		学籍に関すること	児童生徒の転出入等学籍に関する事務 諸証明発行に関する事務
		教科書に関すること	教科書給与に関する事務
		調査及び統計に関すること	各種調査・統計に関する事務
		文書管理に関すること	文書の収受・保存・廃棄事務 校内諸規定の制定・改廃に関する事務
		教職員の任免、福利厚生に関すること	給与、諸手当の認定、旅費に関する事務 任免・服務に関する事務 福利厚生・公務災害に関する事務
2	財務	予算・経理に関すること	予算委員会の運営 予算の編成・執行に関する事務 契約・決算に関する事務 学校徴収金に関する事務 補助金・委託料に関する事務 監査・検査に関する事務
3	管財	施設・設備及び教具に関すること	施設・設備及び教具（ICTに関するものを含む。以下同じ。）の整備及び維持・管理に関する事務教材,教具及び備品の整備計画の策定
4	事務全般	事務全般に関すること	事務全般に係る提案,助言（教職員等への事務研修の企画・提案等） 学校事務の統括,企画及び運営 共同学校事務室の運営,事務職員の人材育成に関すること

資料1-2-2　別表第二（第三条関係）他の教職員との適切な業務の連携・分担の下、その専門性を生かして、事務職員が積極的に参画する職務の内容及びその例

区分	職務の内容	職務の内容の例
校務運営	学校の組織運営に関すること	企画運営会議への参画 各種会議・委員会への参画・運営 学校経営方針の策定への参画 業務改善の推進
	教育活動に関すること	カリキュラム・マネジメントの推進に必要な人的・物的資源等の調整・調達等（ICTを活用した教育活動に資するものを含む） 教育活動におけるICTの活用支援 学校行事等の準備・運営への参画
	学校評価に関すること	自己評価・学校関係者評価等の企画・集計・結果分析等
	保護者、地域住民、関係機関等との連携及び協力の推進に関すること	学校と地域の連携・協働の推進（学校運営協議会の運営,地域学校協働本部等との連絡調整等） 学校施設の地域開放に関する事務 保護者、専門スタッフ、関係機関等との連絡調整
	危機管理に関すること	コンプライアンスの推進 学校安全計画や学校防災計画等の各種計画等の策定 危険等発生時対処要領（危機管理マニュアル）の作成・改訂 安全点検の実施
	情報管理に関すること	情報公開、情報の活用 広報の実施 個人情報保護に関する事務等

3 教育活動における事務職員の役割

　「教育の情報化に関する手引―追補版―（令和2年6月）」では、教育の情報化とは、「情報通信技術の、時間的・空間的制約を超える、双方向性を有する、カスタマイズを容易にするといった特長を生かして、教育の質の向上を目指すもの」であるとして、情報教育、教科指導におけるICT活用、校務の情報化で構成されるものとしています。また、学習指導要領は子どもたちの「生きる力」を育むために、何を学ぶかとともに、何ができるようになるか、どのように学ぶかについても重視されています。これらのそれぞれの観点を区別して、教育の情報化に向けて、事務職員はどのような役割を担うのかについて考えていく必要があります。

　その上で、特に情報教育、教科指導におけるICT活用について事務職員の役割を考える際の参考として、文部科学省が2021（令和3）年に示した「GIGAスクール構想の下で整備された1人1台端末の積極的な利活用等について（通知)」をみてみます。その別添1「GIGA スクール構想 本格運用時チェックリスト」のなかに、学校設置者が取り組むべき事項として「管理・運用の基本」「クラウド利用」「ICT の活用」「研修・周知」「組織・支援体制」の観点が示されています。「管理・運用の基本」とは端末の管理や運用上のルールの明確化などです。「クラウド利用」はクラウドサービスを円滑に利用するためのアカウントやネットワークの整備などのことです。「ICTの活用」はICT端末とインターネットが安全・安心に活用されるように準備することです。「研修・周知」は活用のための教職員への研修や、家庭・保護者への情報提供のことです。「組織・支援体制」とは教育の情報化に向けて、学校や教員が孤立しないようにする組織・支援体制などのことです。これらは学校設置者に向けたものですが、教育行政職員である事務職員が、校内の教育活動における役割として、大いに参考になる観点であり、事務職員の担うべき役割として次のように整理してみます。

　A. 管理・運用　　　　　　　　　　B. ネットワークの整備
　C. ソフトウェア、アプリの整備　　D. 研修・周知
　E. 授業を含む、教育活動実施に向けた支援

　いずれも標準的職務が示す「カリキュラム・マネジメントの推進に必要な人的・物的資源等の調整・調達等（ICTを活用した教育活動に資するものを含む）」や、「教育活動におけるICTの活用支援」に含まれるものです。

● 教育活動とICT

　わたしたち事務職員はこれまでも総務・財務の専門性を発揮し教育環境整備を担ってきました。教員から希望を取り、調整して管理職とともに予算編成を行い、教材整備も行っていました。その過程では、一定程度の教育課程への理解が不可欠でした。そして、当然にICTについても、なぜ使うかを理解しておくことは必須と考えます。

　なぜ使うかという疑問に対し、わたしは初めて表計算ソフトに触れたときのことを思い出しました。たとえば、多くの者の得点の一覧を合計し、平均点を出していたとします。そのいずれかの得点が修正になった場合は、合計点から該当点を引き、正しい点を足し、さらに除す必要がありました。対象者が追加になった場合には、当然に除す数も変わってきます。これが表計算ソフトでできることを知ったときにはその簡便さに驚いたものです。もちろん、平均とは何か、どうやって導くかという思考はとても大事なものであり、しっかりと修得してほしいと思います。しかし、この作業を使って別のこと、たとえば算数の確率を学ぼうとしている際には、この作業で子どもが躓いてしまう場面も発生してくるかもしれませんし、場合によっては余分な作業とも捉えることも考えられます。このようにICTを活用することで、変化ある情報も把握が容易となるのです。

　また、社会科見学において、コンピュータの指示で物を運ぶヒトを見て、近未来を感じた子どもも少なからずいるのではないでしょうか。そういう意味では、プログラミング教育にはコンピュータはヒトが指示して動かすものとしての認識を促す側面もあり[1]、子どもがその認識をもつことこそが重要なのです。

　もちろんICTの必要性は他にもありますし、どのように使われるか、その

1　文部科学省「教育の情報化に関する手引―追補版―(令和2年6月)」の「第3章 プログラミング教育の推進」に言及。

効果はどのようなものかなどについても一定程度の理解が必要となります。

●ICTを活用した教育活動の場面（学びを支援し、学びを深める）

　文部科学省のポータルサイトである「小学校を中心としたプログラミング教育ポータル」には、実践事例として「正多角形をプログラムを使ってかこう」という杉並区立西田小学校の実践が紹介されています。単元の目標としては、「観察や構成を通して、正多角形の意味や性質についての理解をするとともに、正多角形の作図をしたり、性質を調べたりすることができる。また、円周の長さに対する直径の長さの割合を考えることを通して、円周率の意味や直径、円周、円周率の関係について理解し、それを用いることができる」とあります。

　授業の展開の一部を紹介しますと、

・正多角形の性質を理解した上で、物さしと分度器を使って、正三角形や正方形、正六角形をかく。

・辺の数が多くなると、かくことが大変になることやきれいにかくことが難しいことを確認する。

・コンピュータ（Scratch：MIT Media Lab[2]が開発した無料のプログラミング言語とその実行環境）に指示を出し、正方形をかく。

・どのようにしたら、正三角形や正六角形をかくことができるのか考え、話し合う。

・さらに、正八角形や正十二角形などは、どのようなプログラムにすればよいのかを考えて、実際にかいてみる。

　学習指導要領を確認すると、従来のように手書きのみで多様な正多角形を作図することは容易でありませんでしたが、コンピュータを活用することで可能となり、体験の幅が広がることが示されています。付記するならば、手書きでは不可能な正360角形などもコンピュータに指示し、作図ができ、それが限りなく円に近づくことへの気づきとなることも視野に入れた学習も可能となるのです。繰り返しになりますが、ICT化以前であれば手書きで作図して、その概念を学んでいたところです。定規の使いかたを

2　米国マサチューセッツ工科大学（MIT）建築・計画スクール内に設置された研究所のこと。

身につけることや図形の性質を理解する、辺の数が多くなると作図が難しいことを理解するなど、手書きの作図も重要なことであるといえます。しかし、それはこの単元の前段階で終了しており、ICTを活用することで、より主目的に重点化することができるようになっています。加えて、ICTならではの気づきへとつなげることも可能となっているのです。

　さらにこの学習ではソフトウェアを活用し、子どもがプログラムで指示を出しています。授業計画の振り返りの部分には、プログラムを使うことでいままで以上にきれいな図形を、かんたんに書くことができることへの気づきも促されています。コンピュータに意図した処理を行うように指示ができるということを体験させているのです。それは中学校段階での「問題解決のための簡単なプログラミング」に向けた準備ともなっています。

●協働的な学びの場面

　「教育の情報化に関する手引―追補版―（令和2年6月）」において、協働学習について「発表や話し合い」「協働での意見整理」「共同制作」「学校の壁を越えた学習」の場面が提示されています。そのなかで、「発表や話し合い」ではグループや学級全体に分かりやすく提示して、発表・話し合いを行うことが、「協働での意見整理」ではグループ内で複数の意見・考えを共有し、話し合いを通じて思考を深めながら協働で意見整理を行うことが、「協働制作」では写真・動画などを用いた資料・作品を、グループで分担したり、協働で作業しながら制作したりすることが、「学校の壁を越えた学習」では遠隔地や海外の学校、学校外の専門家などとの意見交換や情報発信などを行うこと、などがICT機器を活用した学習活動として例示されています。

　他者とともに学び行動するなかで、個の学習の質とともに集団での学習の質を高め、社会参画の意識をも醸成することが求められています。そして、主体的に学ぶことと協働的に学ぶことをバランスよく行い、そのよさを実感することで、学びの本質ともいえる探究的な学習が持続し発展するとともに、自分の考えに対する自信と確信をもつことが可能となるのです。そのような協働的な学びが現行の学習指導要領では特に求められているのです。

話し合いなどをする際に、コミュニケーションツールが増えればその精度が上がることは容易に想定できます。また、意見整理は特にICTの得意とするところでしょう。瞬時に意見比率なども可視化することが可能となります。さらに、共同制作では適切なアプリなどの選択が重要とはなりますが、その有効性は推し量ることができるでしょう。そして、学校の壁を越えた学習では、これまでであれば交流の難しかったひとたちとの交流を可能にしています。たとえば、暖かい地方と雪国の子どもとの交流は、文章や映像だけでは得ることのできない理解を生むことができるでしょう。リアルタイムの相互の意見交換は、その地域の特性にとどまらず、生活や性格にまで影響を及ぼすことを理解するかもしれません。そして、ほかの地域を知ることで、自身が住む地域との比較を行うことができ、自身の住む地域への理解をも育むはずです。そう遠くない将来、月面との意見交換などもできるかもしれないですね。

● **生徒指導とICT活用の場面**

　教育活動は教科指導に限ったものではなく、子どもの成長・発達を促したり支えたりする意図でなされる働きかけである生徒指導においても、ICTの活用が期待されています。2022（令和4）年に改訂された『生徒指導提要』の第1章「生徒指導の基礎」第1章5項2には「ICTの活用として令和の日本型学校教育の実現に向けては、GIGAスクール構想を踏まえ、今後ICTを活用した生徒指導を推進することが大切です」と示されています。そのなかで、ICTを活用することで、次のような教育効果が期待されています。

（1）データを用いた生徒指導と学習指導との関連づけ

（2）悩みや不安を抱える児童生徒の早期発見・対応

（3）不登校児童生徒らへの支援

　学習指導と生徒指導が、相関的な関係を持つことを、多くの教職員が経験的に実感していますが、それを客観的なデータからも省察することが求められています。また、それを子どもの心身の状態の変化への気づきが容易になったり、子ども理解の幅の広がりにつながったりすることも期待されています。さらには、不登校や病気療養中の子どもに対し、通信教育や

オンライン教材などを活用するなど、教育機会の確保にも活用が期待されています。この動画などの蓄積は、学習者が任意のタイミングや状況で学ぶことにもつながり、今後の活用が大いに期待されるところです。

● 教育活動とICTにおける事務職員の役割

　さて、教育活動においてICTが活用される３つの場面を想定してみました。それぞれの場面で事務職員はどのような働きをすることができるでしょうか。あるいは、求められているでしょうか。先ほど示した5つの観点から整理します。

A. 管理・運用

　３つの場面それぞれでICT機器や各自が持つ端末がなければその推進はできません。その整備とともに、運用にあたっては、まず、端末の管理台帳を作成することが必要となります。また、端末・アカウントの運用手順や役割分担を、教育委員会や担当事業者などの間で共有しておくことも重要です。ICT端末の故障・破損・紛失・盗難などについてはおもに教育委員会が担当するところではありますが、事務職員も理解を深めるとともに、現場感覚をもって改善に努める必要があります。

　また、あまり好ましいことではありませんが、授業直前に印刷をしていた教員から印刷機の故障を訴えられ、その支援をするとともに、印刷物を届けるといった経験が多くの事務職員にあるのではないでしょうか。授業は学校教育の根幹であり、時は待ってくれないことから、多くのことに優先されます。これは先の多角形の作図や協働の事例でも想定されることです。機器トラブルはどんなものにもあり得るものであり、特に使用時間である授業中に起こる確率は高くなります。ICT支援員は常時在校しているわけではありませんので、だれかが対応しなければなりません。教員自身は子ども対応があるため、事務職員がその役割を担う可能性は高くなることからも、求められる役割であると考えます。

　ここでは消去法で述べましたが、標準的な職務から考えても、それは当然のことであるはずです。

B. ネットワークの整備

　GIGAスクール構想はクラウドを使うことを前提とされています。クラ

ウドの特徴として、作業途中での共有が可能であることや、追加や修正が可能であり、その記録がすべて残るということがあります。先の協働学習の事例はこのクラウドがあればこそ成り立つものです。しかし、クラウドの活用のためには、適切なアカウント管理や、その更新が重要となります。また、セキュリティポリシーの設定は教育委員会で行うものでしょうが、それが適切に運用されているかを確認することも事務職員を中心に担うことが可能と考えます。

C. ソフトウェア、アプリの整備

ICT端末が整備されても、ソフトウェアやアプリがなければ活用はできません。これはどの事例においても同様です。この導入にあたっては、担当教員が選定を主導するものではありますが、予算担当者としての事務職員の一定程度の理解は重要であり、常に情報を得ておくことで効果的な助言などにもつながるものと考えます。

また、OSやアプリにはアップデートが必須であり、これを行わなければ、不具合やトラブルの要因ともなります。これを事務職員だけで担うわけではありませんが、共同学校事務室などもかかわり、主導していくことは有効と考えます。

さらに、ICTを活用しつつ学びの充実を図るためには、デジタル教科書・教材の活用についても検討を進める必要があり、予算担当者として校長への情報提供などは重要な役割と考えます。

D. 研修・周知

ICTの活用にあたっては教育効果を考えながら活用することが重要です。また、教員の授業力と子どもの情報活用能力とが相まって、その特性・強みを生かされるツールであることにも留意しなければなりません。そのためのICTの活用や、それを踏まえた指導方法についての研修を担っている事務職員もいます（本書第2～4章の実践編をご確認ください）。学校現場で事務職員が子どもや教職員のために有効なICTを活用した学習方法や指導方法を、教員とは違った視点や収集した情報から導き出し、提供することは教育活動に有効であると考えます。しかし、すべての事務職員が容易に担えるものではありません。共同学校事務室の活用であったり、情報教育担当教諭と連携したりすることによって担うことも検討していってはい

かがでしょうか。

　また、効果的な指導方法のレベルでなく、機器の使用やクラウド理解といったこと、さらには機器の更新なども見据えた将来的なICTの活用イメージなどについての研修は、事務職員としても担えるようになっていく必要はあるのではないでしょうか。これらはすべての事例の共通の基盤となるものと考えます。

E. 授業を含む、教育活動実施に向けた支援

　生徒指導の事例では複数のかかわりが想定されます。「悩みや不安を抱える児童生徒の早期発見・対応」ではアンケートなどの実施が想定され、それを事務職員が担当することも考えられます。これまでも学校評価における児童生徒・保護者アンケートを事務職員が担う例や、そのデータとその他の情報との相関傾向などを分析するという実践もみられました。それを踏まえれば「データを用いた生徒指導と学習指導との関連づけ」に対する情報提供も難しいことではないでしょう。これらにとどまらず、子どもの作文やレポート、ノート、絵、試験結果など、学習者がアウトプットしたものすべてをポートフォリオとして活用できるようにしていくことも、近い将来には可能なものとなるでしょう。

　また、「不登校児童生徒らへの支援」としてあげられている提供する動画などの蓄積についても、実際に授業を行うのは教員であっても、その撮影や編集、保管などは、これを教材と捉えて事務職員が担うことも想定されます。しかし、効率性の面から考えれば、これらは学校を単位としてではなく自治体単位で対応することが有効であり、共同学校事務室やその連合体などが中心となって担うことが好ましいものと考えます。

　さらには、管理・運用の項でICT機器トラブルの対応をあげましたが、そのような事態に陥らないように日頃からその維持・管理を進めることは大事です。そのためにはICT支援員なども含めて、組織的に行うことが重要になります。必要に応じて、教育委員会や民間事業者とも連携を取る必要があり、その組織体制の構築や、状況を把握し、組織運営を行っていくことも事務職員が担うことが有効であると考えます。

（前田　雄仁）

1　ICTを活用した学校評価による校務運営の参画

　わたしが当時所属していた共同学校事務室では、各校に共通した課題の
ひとつに「外部アンケート等[1]集計作業の業務負担」がありました。そこ
で共同学校事務室では、外部アンケートなどの集計方法について紙媒体で
はない新たな方法としてICTを活用したウェブアンケートを提案し、2021
（令和3）年度から町内全校で実施することになりました。

　そしてウェブアンケートを提案した経験から、ICTを活用した校務運営
に参画するときに押さえるべきポイントを3つ紹介します。

● 教育資源[2]を考える

　まず1つ目は、校務運営の課題に対しての改善策を教育資源のなかから
考えることです。

　そのためには、何のために課題を解決する必要があるのかという「目的」
と、どのような方向性で課題を改善していくのかという「条件」を明確に
して必要な資源を考えていくことで、より効果を高める改善につなげてい
きます。

　今回の取組では、2019（平成31）年度当時に勤務していた町内の主幹教
諭など[3]に向け、外部アンケートなどの集計方法について調査を行ったと
ころ、7校中7校が集計作業に時間がかかり、負担になっていることが分か
りました。なかには、1,200件分すべて手入力をしている主幹教諭の姿も

1　子ども・保護者対象のアンケートのこと。「学校評価ガイドライン[平成28年改訂]」から引用
　した。
2　藤原（2020：p3）によれば、「人、情報、お金、施設、信頼など有形・無形」資源。
3　学校に所属する主幹教諭または教務主任のこと。

みられ、想像以上に集計作業には時間を要することが浮き彫りになりました。

この場合、「外部アンケート等集計作業の業務負担を軽減する」目的のため、「集計作業を手入力ではない別の手段を考える」ことを条件に具体的な改善方法を考えます。条件にある別の手段のみつけかたですが、事務職員の専門性を生かすために教育資源の観点で判断します。

事務職員の専門性とは、「教育目標の実現に向けて多様な教育資源（リソース）を獲得し、生かすという『見方・考え方』」（藤原2017：p5）といわれており、教育資源を活用することによって、取組の効果をより高めていけるものと考えます。

外部アンケートなどの集計方法においては、どの教育資源を活用することがもっとも効果的かを考えたときに、紙媒体以外の候補として、ICTを活用したウェブアンケートが最適だと判断しました。その理由は、新たな機器（モノ）を購入する必要がなく、紙代（カネ）も節約できるからです。

子ども全員分を印刷する紙媒体に比べウェブアンケートは、メール配信システムとGoogle Workspace[4]が導入されていれば、印刷にかかるコストを抑えることができます。

さらに、25学級規模の学校で外部アンケートなどを回答した場合、紙媒体は集計作業に10時間かかるのに対し、ウェブアンケートは集計作業に3時間と、7時間分の作業時間が短縮できます。

以上の結果を踏まえ、「外部アンケート等の集計作業の時間を減らす」ための改善策は、「新たな費用はかからず」「作業時間が短縮できる」ウェブアンケートが最適であると判断しました。

●ひとりで担うのではなく役割を分担する

続いて2つ目は、企画から提案、実行までのすべてを事務職員が担うのではなく役割を分担することです。

ICTに限った話ではありませんが、提案するときには、組織で動いていることを意識し校内のさまざまなひとを巻き込み、みんなでいっしょに進

4　Googleが提供しているクラウドコンピューティング生産性向上グループウェアツール、およびソフトウェアのスイートのこと。

めていることを意識づける必要があります。そして、企画立案は事務職員が行い、提案や実際に処理をするのは主担当の教職員といったように、組織として役割や責任を明確に分担し、協働して取り組みます。

ここで企画が通らなかった事例について紹介します。コロナ禍により、参観会や行事に保護者が参観できなかった頃のことです。

保護者へ向けて子どもの様子をみる機会を提供することを目的に、「1年生を迎える会」の様子を撮影した動画を、夏の保護者面談のときに、待合室で視聴できるようにすることを企画しました。

実施に向けて教務会[5]で企画の相談をし、主任会[6]で提案し、特に反対意見はなく、校長の了承を得ることができたため順調に企画が進むと思っていました。しかし、打合せのときに全教職員に向けて実施することを報告した後、最終判断で企画はなしとなったのです。

その理由は、「1年生を迎える会」を企画している児童会担当の教員に相談することを失念して、合意形成がじゅうぶんでなかったためです。児童会担当の教員が職員会議で、「1年生を迎える会」について提案をした決定事項に対し、事務職員が準備がじゅうぶんでない状況で動画撮影の提案をしたことに反対意見があがり、企画を見送ることになりました。

このときの経験を踏まえ、事務職員が主担当でない分掌に関する提案をする場合は、かならず主担当の教職員と課題を共有し、同じ方向を向いて協働できるよう組織として筋を通すようになりました。

● フロー[7]をつくる

最後に3つ目は、全体の流れを把握するために必要なフローをつくることです。

まず、全体の流れを把握するために必要なフローについてです。今回のウェブアンケートの提案においては、共同学校事務室の室員と主幹教諭などと、複数人が業務を行うことになりました。このような場合には、図が

5　校長、教頭、主幹教諭など、事務主任で構成された打合せ会のこと。週初めに1週間の動きの確認や教育課程についての話し合いが行われている。
6　校長、教頭、主幹教諭など、生徒指導主事、学年主任、養護主任、事務主任で構成された会議のこと。
7　フローとは、流れや流動という意味。ここでは、業務の流れを表す図のことを指す。

入ったフローを作成し、「いつ、だれが、何をするのか」今後の流れを視覚化します。【資料2-1-1】

　全体の業務がわかるフローをつくることは、みんなが業務の進捗やほかの業務の流れを理解し組織が円滑に動けるためのツールになるというメリットがあります。

　上記を踏まえて今回のウェブアンケートでは、

　・目的

　　　外部アンケートなどの集計作業の時間を減らす

　・作成範囲（作図する業務の範囲）

　　　アンケートフォーム作成から集計まで

　・作成者および協働する教職員

　　　共同学校事務室の室長及び室員と主幹教諭など

　・作成に使うツール

　　　Word

　・作業スケジュール

　　　6月初旬ウェブアンケートの項目について文書配付、6月中旬〜6月下旬ウェブアンケートフォーム作成……

などの情報を集め、順番に必要な項目をフローへ組み込み作成していきました。

　共同学校事務室では、前期分は、室員がウェブアンケートの作成、操作方法を支援し、集計業務は、主幹教諭などが行うこととし、後期分からは、ウェブアンケートの作成業務・集計業務ともに主幹教諭などが行うことになり、各校の事務職員は補佐役にまわりました。

　次に外部アンケートなどの集計ファイル作成についてですが、ウェブンケートは、集計結果を結果画面から手軽に印刷できる反面、細かな分析には適しません。そのため、集計ファイルを学校評価の主担当である教職員（主幹教諭など）に話し合いながら作成します。

　外部アンケートなどは、学校の自己評価を行う上で、目標などの設定・達成状況や取組の適切さなどについて評価するためのものです。評価指標の達成状況を前年度結果と比較するのか、あるいは保護者と子どもを比較して分析するのかなどを話し合い、分析に適した集計ファイルを作成しま

す。集計ファイルをつくるコツとして、ウェブアンケートのほとんどがデータを出力できる機能があります。出力したデータを所定のシートに貼りつけるだけで、集計シートに自動反映する集計ファイルを作成し、集計作業の効率化につなげます。

　また、集計ファイルを含めたウェブアンケートの操作手順を手引きにするときは、動画をお勧めします。動画にする理由は、文章や静止画だけでは伝えづらい動作も、映像化することで視覚的に伝えることができるためです。動画は、画面録画機能をするための手間もコストも省けます。

● 解決策の手立てとしてICTを活用する

　ウェブアンケートの効果について主幹教諭などに調査した結果、7人中7人が「事務処理の負担軽減や業務の効率化につながっていると思う」と回答しました。また、回答における具体的な理由または内容のなかには、事務処理の負担軽減ができたという意見以外に、「主幹教諭などと事務職員が相談しやすい関係になり、適切な役割を分担することにつながった」という意見や、「一人職のようであり、各校の取り組みかたも異なっていたため、取り組みかたの相談、集計のアドバイスなど、ひとりで考えるよりもよりよいものになっていると感じています。また、各校のつなぎ役としての役割を担っていただけているため、町内の事務処理の平準化にもつながっていると感じ、ありがたく思っています」とその貢献について評価する意見もありました。各所属とのやりとりのなかで、共同学校事務室が相談窓口となり、共同学校事務室と各校の課題解決を図れたことはよかったと感じました。

　いっぽうで課題もあります。紙媒体のときは、担任の声掛けにより100％に近い回収率でしたが、ウェブアンケートは、回収率が約75％〜85％と低い結果となりました。その場合、保護者へ再度回答を依頼することや、面談や参観会時の前にウェブアンケートを配布し、待合室や受付場所にQRコードを大きく印刷して目立つ場所に掲示するなど工夫の必要があります。

　今回の実践のように教員の業務負担が大きいという課題に対し教育資源を活用する観点から改善策を提案し、ただ請負うのではなく協力して支援

することは、結果的に業務量の軽減という課題に対応することができます。町内全体の外部アンケートなどの集計作業が時間短縮につながったことは大きな成果でした。

このように標準的職務通知が示す「学校評価の企画・集計・分析等」の企画提案は、事務職員の専門性を発揮した校務運営の参画のひとつです。そして、ICTを活用したウェブアンケートの取組のように、総務領域として業務改善を企画提案していくなかで、たくさんのひととかかわり、交渉・調整するときに解決策の手立てとしてICTを活用すると円滑に業務が進められます。

ここからは、共同学校事務室ではなく学校で企画したICTを活用した業務改善について紹介します。

現任校では、教務主任が行事予定を月報と週報とふたつの異なるファイルに入力することに負担を感じていました。この「予定管理業務の負担感を減らす」目的のため、「集計作業を別の手段にする」ことを条件に教育資源をどのように活用して改善に向かうかを考えます。

週報や月報を入力する「ヒト」を変えるのか、校務支援システムにあるカレンダー機能の充実させるために予算要求するのか（「カネ」）、学校独自のシステムを開発するか（「モノ」）、どの教育資源を活用することが最適であるか解決策をみつけ出します。

今回の解決策として提案したのは、月報に入力すると、年報、週報、日報へ自動反映されるGoogle スプレッドシート[8]（ICT）を活用することでした。【資料2-1-2】その理由は、新たな機器を購入する必要がなく（モノ）、時間も紙代も節約できる（カネ）からです。

ICTを活用した予定管理業務の効果として、入力作業の時間短縮や、週報の全員配布の廃止による印刷代や印刷・配付する時間削減の期待が持てます。また、すべての教職員のパソコンにGoogle Workspaceが導入されているため追加予算の必要がなく、常に最新の情報をみられることで、教育活動が円滑に進めることが利点として挙げられます。

ICTを活用した予定管理業務を導入するにあたり、主任会の場で教務主

---

8 Googleが提供するウェブベースのスプレッドシートプログラムのこと。

任が説明をし、共同編集者を主任会の参加者のみで試行することになりました。その後、全教職員へは教務主任が説明し、特に大きなつまずきもなくスムーズに導入することができました。

導入後の効果は、予定管理業務の作業時間が軽減できたことがあげられます。いままで2週間分の週報を回覧し、修正がある場合は、週報と月報に教務主任が加除修正していた作業時間を削減することができました。また、教職員全員が共同編集できるため、学年行事や来客の予定などを全員で管理するようになりました。

そして、月報の情報が日報・週報・年間計画とつながっているため、以前のように月報と週報と内容に相違があるということはなく、どこをみても内容が一緒で校務運営に混乱を生じず円滑に運営できます。

課題は、校務用PCを開かないと日報をみることができないことです。そのため、職員室の予定黒板に日報を表示できるように短焦点プロジェクターを予算化したいと考えています。

2023（令和5）年夏に教職員の校務用PC更新により本市の校務用ICTは、office365[9]のグループウェアに変更されました。そのため、予定管理業務もGoogleスプレッドシートからweb用Excel[10]に変更し、運用しています。

今回は、予定管理業務の流れは変わらずツールのみの変更だったため、特に大きな混乱はありませんでした。また、教育課程編成で使用していた年間計画ファイルを利用し作成したため、作成に手間がかからず、Excelは教職員にとってなじみのあるシステムのため好評です。

このICTを活用した予定管理業務の取組は、市教委主催のGIGAスクール研修会のなかでも、校務ICTの活用について本校の取組を紹介してほしいと依頼を受け、GIGAスクール担当者に向けて動画で説明をしました。

学校で企画したICTを活用した業務改善が各校の共通した課題だった場合、ひとつの取組が各校の業務改善につながる可能性があることを実感しました。

ICTの活用による校務運営にもたらす効果は、業務時間の短縮や紙や印刷代のコスト削減が大きく、一度しくみをつくることで繰り返し使えるた

9　マイクロソフトが提供するMicrosoft Office製品ラインのサブスクリプションサービスのこと。
10　マイクロソフトが提供する無料のクラウド版Excelのこと。

め、費やす時間についても翌年度はさらに短縮できます。

　また、Googleスプレッドシートやweb用Excelの共同編集のように、クラウド型の表計算ソフトが活用できれば情報が一元化され、業務効率が格段に上がります。

　いっぽうで、新しい取組をするときには、「いつ、だれが、何をするのか」が明確化されていないと、担当者が変わったときに運営することが難しくなります。そのため、フローを作成し、流れやルールを視覚化できるようにすることが重要です。

　わたしの経験年数が浅いときは、外部アンケートなどのデータ入力代行や、パワーポイントの作成、動画作成などの代行を引き受けたこともありましたが、その場しのぎの代行業務は、極めて属人的な業務であり、持続的な業務負担軽減の解決には至りません。負担に感じる業務の根本は何なのかを考え、組織として負担が軽減できるしくみをつくることが重要です。

　このしくみをつくるときに、教育資源をマネジメントする教職員として、さまざまな選択肢のなかから最適を探し提案することが事務職員の役割であると考えます。

　最後に、ICTを活用した業務改善を進める上で本校がうまくいった理由は、管理職が提案に対し肯定的な反応を示し、全面的に協力を得られたことが大きいです。本校の校長は、時間があれば事務室に顔を出し、日常会話をすることもあれば、いま学校のなかでやりたいことや課題を共有してくれます。この会話から発展し、課題に対し教育資源を生かした解決策を提案したことで、環境整備や業務改善につながっています。

　これからも事務職員の専門性を生かして校務運営に参画するとともに、業務改善の推進につなげていきたいです。

（土屋　百代）

資料2-1-1　全体の流れを把握するためのフロー

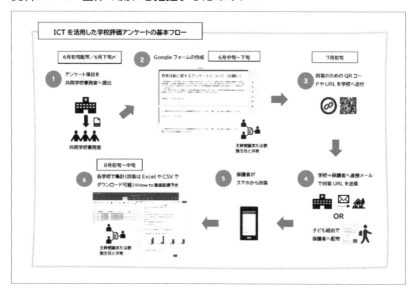

資料2-1-2　Googleスプレッドシートを活用した月報、週報、日報、年報の連携

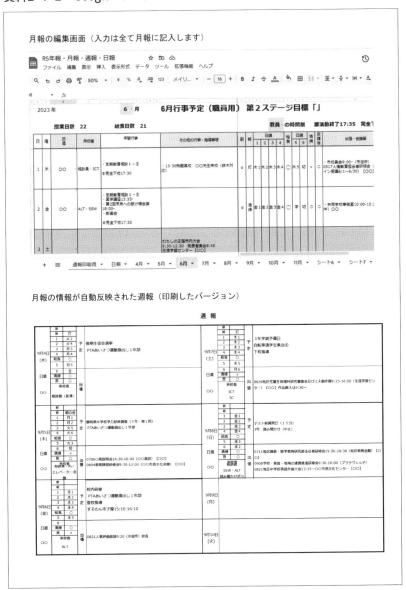

月報の編集画面（入力は全て月報に記入します）

月報の情報が自動反映された週報（印刷したバージョン）

2 ICT×データベース──事務職員が進める業務改善

　2020（令和2）年度から2022（令和4）年度まで新任の事務長代理として群馬県千代田町立西小学校で3年間勤務し、2023（令和5）年度からは群馬県教育委員会事務局　東部教育事務所へ総務係主幹として着任しました。今回の実践事例は、2021（令和3）年に全国公立小中学校事務職員研究会の学校事務実践事例へ投稿した内容を再編集し、現職における実践を追加した内容になっています。

　若い世代ほどタイムパフォーマンス（時間対効果）を優先する考えかたが強い傾向にあります。コストパフォーマンス（費用対効果）は、安くて効果が高いものを優先する傾向です。学校現場における費用対効果は、限られた資源（ひと、もの、金、情報、時間）の効果を最大限に発揮するという面があり、コストパフォーマンス向上によって解決する課題もあります。今回の実践事例を、ICT活用によるコストパフォーマンス向上の一助として活用いただければ幸いです。

● 事務職員の専門的な領域の業務改善と効率化

　事務職員の業務は、ルーティーン業務の占める割合が高く、多くのデータを扱うため、データを一元管理でき、効率よくデータを活用できるデータベース（蓄積・検索・更新などに便利なように整備された情報の集まり）との親和性が高いと考えます。まずはわたしが日頃から取り組んでいる「PDRサイクル」と「表計算ファイルを使用したデータベース」を組み合わせた業務改善の手法を紹介します。

①Prepare（準備）

　過去の資料・通知・財務伝票などを参考に表計算ファイルへ記録します。「いつ・どこで・だれに・なにを・いくらで・いくつ・なにをした」など。

②Do（実行）

　準備した記録を元に、物品の発注や職員への連絡などの業務を行い、その内容を記録します。準備した記録は消したり、上書きしたりせずに、行

追加して記録を積み上げます。また、対象の範囲や内容を選択して、関係する職員と情報共有します。

③Review（評価・見直し）

　準備から実行までを見直し、気づいた改善点を記録します。

　わたしはこの手法を「全体の業務計画・予算（執行）計画・給与（旅費）計算・学校行事・メール（FAX）送信記録」など多岐にわたって取り入れています。ルーティーン業務をたんなる繰り返しから、情報を蓄積・活用・共有することで、業務の見える化や改善点の洗い出しが可能となり、効率的な業務の進めかたを見出したり、効果を高めるための手立てを考えたりすることができ、大きな効果を感じています。

　それでは、実際の活用事例を紹介します。予算編成資料を作成する際、事務職員は職員の要望を聞き取り、それを学校の要望として取りまとめていました。「紙」で資料を職員へ配付・回収し、事務職員が一覧に入力し直す方法をとっていましたが、これを次のように変更しました。

　まず、予算編成資料は単年度で作成したものを、過去の記録を積み上げて複数年分をひとつのファイルにまとめました。それを職員サーバー上に保存し、共同編集を可能にします。職員は過去のデータを参考に入力できて、事務職員は入力し直す手間が省けます。また、複数年（隔年）計画の事業では、複写することもできますし、要望忘れを防ぐことができます。

　事務職員の単数配置が多い義務教育の学校では、人事異動に伴う事務引継ぎを短時間で済ますのは困難です。積み上げたデータベースをそのまま業務引継ぎ資料にすることで、前任者は作成の時間短縮、後任者は業務の継続に活用できます。

　事務職員のICT活用における基盤は、事務職員の専門的な領域の業務を正確で効率的に処理し、周りの職員から信頼を得ることです。また、取り扱っているデータを普段から積み上げて整理することで、目的（意図）に合わせて順序立てて合理的に考える思考（プログラミング的思考）を身につけることができます。さらに、ICTの強みを生かし、学校内外での連携、情報共有による合理化を図ることができます。

● 学校事務実践事例「GIGAで発信（発進）してみよう」

〈実践前の状況・背景〉

　2020（令和2）年4月に新任事務長代理として、現任校へ着任しました。まもなくコロナ禍により緊急事態宣言が7都府県に発令され、16日には全国に拡大しました。異動の混乱に加え、一斉休校、在宅勤務、ガイドラインに基づいた対策など、いままで経験したことがない対応に追われていました。本町でもコロナ禍に対応するため、GIGAスクール構想を前倒しして、2020（令和2）年度補正予算による1人1台端末の整備が進められ、2021（令和3）年度から本格的な運用が始まりました。教育委員会・代表校長・代表教頭・各校推進委員で組織された「千代田町教育の情報化推進対策室」を中心として、教育の情報化が進められ、わたしは同年6月から共同学校事務室を代表して参加しました。

　そこで、事務職員の立場からGIGAスクール構想の活用事例を、地域・保護者・児童・教職員へ発信することを目的とし、本実践に取り組みました。

〈実践内容〉

　1　保護者向け事務だよりを軸とした情報発信

（1）保護者向け事務だよりのウェブ掲載【資料2-2-1】
　　「夏の改修紹介」として学校ウェブサイトへ掲載《2021年9月19日》
　　施設改修などについて、費用と効果を紹介しました。

（2）職員向けアンケート《2021年9月6日》
　　施設改修の内容について、教職員から無記名で5段階評価を受けました。
　　〈Googleフォーム作成〉

（3）児童向けクイズ《2021年9月19日》【資料2-2-2】
　　保護者向け事務だよりの内容について、4択で5問出題しました。90名が参加し、2名が満点を獲得しました。
　　〈Googleフォーム作成〉

　2　校務支援システムとGoogleマップの連携

（1）校務支援システムの児童情報と学齢簿の照合
　　住所、行政区などを照合しました。

(2)　通学班のデータベース化

　　従来、通学班の情報は、地区ごとにファイルされた紙ベースのものしかありませんでした。そこで、校務支援システムの児童情報に「通学班」を加え、データベース化しました。

(3)　Googleマップ活用マニュアル作成

　　校務支援システムの情報を、Googleマップで活用するためのマニュアルを作成しました。

(4)　オリジナル学校マップデータの作成

　　通学路、子ども安全協力の家をGoogleマップ上に表示したオリジナルマップを作成し、教職員間で共有しました。今後は、家庭訪問のルート作成や非常時の住所確認などで活用の幅が広がりそうです。

〈成果と課題〉

　はじめに、学校ウェブサイトやGoogleフォームを活用し、情報発信したことで、保護者からは「町が学校のために色々な対応をしていることが分かった」との施設改修に関する肯定的な意見が寄せられました。また、教職員からは「コロナの予算やそれに対する事務職員の工夫や熱意が伝わった」との感想があり、児童向けクイズにより施設改修に興味をもたせることで、子どもたちだけでなく教職員のコスト意識が変わった実感がありました。

　さらに、自身の変化として、地域のことを調べるうちに地域への理解が深まりました。頭のなかで学校区の地図が整理され、児童や保護者対応でも役立っています。GoogleフォームやGoogleマップなどのアプリケーションは直感的な操作ができるため、予備知識がなくてもかんたんに使えることが分かりました。どこからでもアクセス可能、表計算と連動したデータの蓄積ができるアプリケーションはさまざまな場面で応用できそうです。

　また、千代田町教育の情報化推進対策室を通して、Googleマップ活用マニュアルを町内の学校へ紹介したところ、新たな負担がなく現状の校務支援システムのデータを活用できることから導入が進められました。

　いっぽう、課題は「事務職員の業務負担増加」と「業務継続性の担保」です。ウェブによる情報発信は、定期的に発信しないと地域や保護者の関心が薄れてしまいます。業務が重なっているときは、更新の重圧が心理的な負担になってきます。

わたしは歴任校で学籍業務にかかわり、共通の校務支援システムを扱っていたこともあり、大きな負担を感じませんでした。しかし、未経験の職員が着任した場合は、新たに知識や技術が必要になります。業務継続性が担保できないと、かえって業務に支障を来すことが心配されます。

〈今後に向けて〉

　新型コロナウイルス感染症については、長期にわたって対応していますが、その収束が未だ見通せない状況です。今回は、事務職員の立場で「コロナ禍のマイナス面だけでなく、少しでもICT化がもたらしたプラス面をアピールしたい」と、GIGAスクール構想を活用した情報発信を行いました。

　今回の取組を属人的なもので終わらせないためにも、「マニュアル化」と「組織的な対応」が必要だと感じています。マニュアル化により属人的な技術やノウハウを見える化・共有化すること、共同学校事務室などの組織と連携し、業務の継続性を担保することは、単数配置の事務職員が抱える課題を解決する手立てのひとつかもしれません。

　コロナ禍の影響で、残念ながら学校と地域とのつながりが弱まっているように感じます。情報化を「手段」として、学校と地域がつながる一助になるべく、事務職員として情報発信を続けて参りたいと思います。

●**事務領域から学校全体の効率化に向けた取組へ**

　異動して3年目になり、教員の多忙化解消が喫緊の課題になっていました。学校全体を俯瞰できる立場として、業務改善プロジェクトリーダーを拝命しました。そこで、ICT活用のみならず、学校全体の業務改善に関する実践を始めました。こういった取組をしている学校は多いと思いますが、事務職員が中心となって進めた事例は珍しいと思います。

①目的、目標、手段の共有

　全職員に業務改善の目的・目標・手段を意識づけることが重要と考え、校内イントラネット掲示板へ掲載しました。

②全教職員への聞き取り

　職種や任用形態を問わず、全教職員からひとりずつ業務改善に関する提案について聞き取りました。

③改善案の分類

　聞き取った提案はデータベースに入力しました。欠席など連絡のフォーム化の場合、「保護者対応」に関する「変える（代える）」提案のように整理すると、提案のイメージがしやすく、分担もしやすくなります。

④優先順位の決定

　管理職と相談し、取り組みやすくて効果が高いと思われるものから優先順位を決定しました。

⑤意見集約

　決定した取組に関してGoogleジャムボードで意見集約しました。ジャムボードとは、共同作業に適したデジタルホワイトボードです。タッチペンで書き込んだり、付箋に文字を打ち込んで好きな場所に貼ったりすることができます。「期待する効果」と「予想される課題」について、それぞれ意見を出し合いまとめました。付箋の色や貼る場所によって、全体の傾向が分かるので、意見集約に向いているアプリケーションです。

⑥検証

　実践内容を教職員がGoogleフォームで評価し、企画運営委員会で検証しました。業務改善実践事例のうち、事務職員と関連するものを紹介します。

・欠席等連絡のフォーム化（当該年度達成）
・勤務時間外の留守番電話対応（次年度達成）
・チラシ類の配布基準設定（当該年度達成）
・修学旅行業者へ保護者からの直接支払い（次年度達成）
・学校徴収金のコンビニ決済（保留、要検討）

● **実践事例　欠席連絡などのフォーム化**

　GIGAスクール構想で導入されたアプリケーション（フォーム、スプレッドシート）を使って、近隣の学校を参考に導入しました。欠席連絡などをフォーム化したことにより、教職員が高く負担軽減の効果を実感しました。また、職員だけでなく、保護者も決められた時間に電話する必要がなくなり負担軽減につながったようです。半年の移行期間中は、従来の紙や電話による方法も受け付けましたが、正式に導入してからは、紙の欠席連絡を廃止しました。電話を受けた場合、教職員が欠席フォームへ入力する

ことで、欠席情報の一本化が図れました。現在は、校務支援システムと連携したシステムを使用しており、保護者の送信した欠席連絡を、出欠席情報に反映させることもできるようです。導入にあたっては、ICT化により子どもの安全、健康管理を最優先に考え、受付から記録までの過程でどのような利点や課題があるかを検討しました。

● 教育事務所におけるICT活用事例

これまでの経験を生かし、教育事務所において実践した事例を紹介します。教育事務所では、管内の所属を対象に処理期に合わせた情報発信や研修をしています。2022（令和4）年度の研修は参集形式に加えて、演習問題のメール配付・回収・採点という形式をとっていました。2023（令和5）年度はメール形式からMicrosoft Formsを使う研修フォームによる形式へ変えました。

「児童手当現況届」と「期末勤勉手当」に関する研修フォームをクラウド上に作成し、公開期間に受講するようURLを通知・設定しました。選択肢から選ぶテスト方式で、間違えた設問には補足説明を表示させることができます。研修フォームを利用する受講者側のメリットは、場所と時間を選ばないこと、匿名で受けられるので、周りを気にせず参加できることです。開催者側のメリットは、回答の分析が容易なこと、修正がリアルタイムに反映されることです。公開後に誤りが見つかったため、修正しましたが、資料の差し替えや再配付がいらないため、負担が軽減しました。

また、学校におけるフォームの活用例として、設問によって分岐させることができるため、教職員へ事例別に提出書類を案内する「手当の申請マニュアル」としての活用も考えられます。さらに、作成の過程で制度の理解が深まり、共同学校事務室における担当職務のOJTにも期待できます。

● おわりに

学校事務実践事例で、歴任校で学籍管理と校務支援システムにかかわったとありますが、それは採用されて4校目に外国籍児童の比率が全体の25％を超える学校へ着任した当時の話です。外国籍児童のうち多くは南米にルーツを持つ児童でしたが、その国の数は15か国にも及びました。保護者の

　仕事の都合により、転出入だけでなく退学や編入などの学籍に関する異動が非常に多く、年間100件を超えることもありました。そこで、教頭の負担軽減のため、校務支援システムの学籍管理にかかわる部分を担いました。

　日本語学級を担当する教諭や日本語指導助手が日本語や日本の生活習慣を教え、通知はポルトガル語とスペイン語に対訳して配付していました。日本語が不十分な保護者も多く、児童が通訳として病院へ付き添うこともありました。経済的に困難を抱えている場合もあり、日本語指導助手と連携して、制度の説明や手続きを行いました。総務省では、ICTを「アクティブ・アダプティブ・アシスティブなど、さまざまな効果を持つツール」として捉えるとあります。保護者宛の通知や案内を、従来の紙からメールのテキストベースへ変えることで、保護者は直接ウェブ上で翻訳することができます。このように、支援を必要とする子どもや保護者にICTが行き届くような工夫が事務職員の立場からも必要になってきます。

　これは、教職員にも同じことがいえます。高度情報化社会に生まれた世代とその前の世代とでは、デジタルに関する考えかたが大きく異なってきています。ICT化により情報格差を生んでしまっては、本来の目的を損なってしまいます。ICT機器の充実に伴い、管理（トラブル対応、ソフトとハードの更新、運用方法など）に対応する一部の職員の負担が増加していることもあり、ICT化における職員の障害を感じ取り、事務職員の業務（総務・財務）と結びつけた支援やしくみづくりが必要になります。

　業務の効率化とコストパフォーマンス向上をめざした本事例を通して、実現するためには、3つの視点が重要であると感じました。1つ目は総務や財務などの事務職員の業務と学校内の業務を大局的に関連させる視点です。2つ目は学校を社会の流れに合わせて客観視する保護者や地域の視点です。最後は「思いやりのある人間」の視点です。

　労働に費やす時間の「負担感」や「子どもたちの成長によってもたらされる充実感」は単純に数値として表せません。しかし、基準を超える時間外勤務が常態化した場合、心身の健康を損ねる恐れがあります。ICTの活用は、周囲の理解と協力を得ながら、学校が本来の役割を果たし、持続可能な労働環境整備をめざすための手段のひとつであると考えます。

（眞舩　貴之）

千代田町立西小学校
じむだより
令和3年9月17日発行

夏の改修紹介

■ 教室の照明LED化

照明がLEDになりました

明るく省エネで暗い日も安心

千代田町の予算　約400万円

■ トイレの無光触媒塗装

無光触媒でトイレブース内を塗装しました

抗菌・抗ウイルスに効果があり、安心して便器に座れます

防臭にも効果があります

新型コロナ予算 約50万円

■ トイレの自動水栓化

トイレを自動水栓化へ

節水・感染防止に効果があります

新型コロナ予算 約190万円

■ 教室テレビの更新

密を防止するため

テレビを更新・増設しました

新型コロナ予算　約40万円

■ おたよりボックス新設～番外編～

元々あった棚をリメイクし

職員室のクラス用配布棚を作りました

配り係も楽になりました

段ボール箱のフタ　0円

タブレット端末の活用もしているよ

キンモクセイの香りが廊下を包み込み、すっかり秋らしくなってきました。

西小学校では、この夏に施設改修や備品購入をしました。これは…

新型コロナ対策や環境整備を目的とした「国」や「千代田町」の予算で実現しています。

このように、自治体や多くの方の支えにより学校は成り立っています。

西小学校も活動が制限される中、「知恵」と「工夫」で新しい学校生活を過ごしています。

今後とも、ご理解・ご協力をお願いいたします。

千代田町立西小学校　事務部

資料2-2-2　児童向けのアンケートフォーム

じむしょくいん　からの　ちょうせんじょう
ぜひ　チャレンジ　してください　@　まふね

*必須

この夏に「かったり、なおしたりした物（もの）」の金額（きんがく）を当てよう！
ぜんぶ　で　５もん　あります。すべて　せいかい　の人には　いいもの　が　プレゼント　されるかも？！

1。　第1問　きょうしつ　を　LEDしょうめい　へ　　（２２きょうしつ、しょくい　1ポイント
　　んしつ）＊

　　「けいこうとう」　から　「ＬＥＤ」　にすると　６０％　いじょう　しょうエネになるよ
*1*つだけマークしてください。

　◯　１００万円
　◯　４００万円
　◯　８００万円
　◯　１０００万円

3 ICT活用で欠席連絡をスマートに刷新
──鍵は実践事例集にあり

「昨晩から38℃近い熱が出て、頭痛も訴えておりますので、今日は通院のため欠席します。宿題と連絡帳は兄（近所の○○さん）に持たせます。通学班には連絡済みです」

「目覚まし時計が鳴らなかったので家族全員寝坊しました。朝食をとって準備ができ次第、学校に送っていきますので遅刻します。9時頃までには到着すると思います」

● 欠席連絡の意義と事務職員のかかわり

このような欠席や遅刻の連絡が学校には毎日のように届きます。わたしたち事務職員は、職員室や事務室で仕事をすることが基本であり、電話や来客対応する機会が多く欠席連絡もよく受けます。連絡を受けると保護者から欠席の理由など、必要な情報を聞き取り、担任や養護教諭、場合によっては管理職に伝えるなど、校内で情報を共有します。

欠席連絡を受けたあとに考えられる対応としては、担任は欠席した子どもの学習フォローや出席簿の整理、養護教諭は心身のケアを検討、管理職は感染症の流行状況や学級、家庭などの情報を踏まえて必要な対策をとることが考えられます。また、欠席が長期になるようであれば給食や教材の提供に影響が出ることもあるため、保護者からの集金や業者への発注、支払いなどでわたしたち事務職員がかかわることもあるでしょう。

学校に届く欠席連絡はさまざまなパターンがありますが「発熱のため欠席する」という内容であったとしても、学校は社会情勢や家庭環境などを踏まえてきめ細やかな対応が求められます。このように欠席連絡には情報をどのように校内で処理するかという「情報管理」と子どもの安全を守る「危機管理」という側面があります。総務領域についてつかさどることが求められている事務職員は、経営資源である情報をただ伝えるだけではなく、どのようにすれば合理的に情報を収集し、素早く正確に校内へ行き渡らせることができるのか、情報管理にかかわることが求められているとわたしは考えます。

●欠席連絡に潜む危機管理とICT導入前の課題

　欠席連絡がもつ危機管理の重要性について別の視点から補足します。欠席や遅刻の連絡がないということは、家庭を出発した子どもたちが、通学路を通りPTAやスクールガード、警察といった多くのおとなたちが連携協働するなか、決まった時間までに登校してくるということになります[1]。

　子どもたちは、家庭では保護者、学校などでは教職員の下で安全な活動が保障されています。では、家庭と学校の間にある通学中はどうでしょうか。日本スポーツ振興センターが公開している学校等事故事例検索データベース[2]によると、2005（平成17）年から2021（令和3）年までに、通学中の死亡事故は250件、障害事例は542件発生しています。年平均すると、死亡は約14.7件、障害事例は約31.9件と決して少なくはない件数発生しています。連絡なく始業までに子どもが学校に姿を見せていない場合は、何らかの事件や事故に遭った可能性も含めて対応すべきでしょう。

　わたしが以前勤務していた小学校では、始業時に欠席や遅刻の連絡なく子どもの姿がみえない場合、対応できる教職員が電話で保護者に安否を確認する体制を取っていました。これが朝一番の業務としてルーティン化されていて、1日あたり1〜3件ほどありました。もちろん電話をすると仕事の手が止まりますが、子どもの安否確認は教職員として必須な業務です。

　このように危機管理上重要な欠席連絡はどのように学校に届くのでしょうか。わたしが勤務してきた学校では、電子化以前は電話や連絡帳を利用していました。電話は始業前に時間を指定して受けつけますが、始業前なので勤務時間前の教職員も多く、電話を受けられる教職員の数にかぎりがあります。それだけでなく、感染症の流行などで連絡が増える時期には契約上同時に通話可能な件数を超える電話がかかってくるため、電話がつながらないこともあります。電話は時間の制約が大きいだけでなく、内容を伝えたいひとと直接通話できなければ、電話を受けたひとがその内容を伝えるという業務も発生してしまいます。いっぽう、連絡帳は欠席すること

1　スクールバスの有無や地域学校協働本部の整備状況、PTA会員数などによって登下校をサポートする体制は地域差がある。

2　災害共済給付において2005（平成17）年度〜2021（令和3）年度（17年間）に給付した、総数8,797件の死亡・障害事例が閲覧できる。

が決まったときに保護者が記入することができ、保護者の意思が文字で直接伝わります。しかし、何らかの方法で連絡帳を学校に届ける必要があり、連絡が双方向でないという問題があります。

● コロナ禍で注目を集めるICTの有用性

　子どもが学校を休むとなると家庭では子どもの看護だけでなく、保護者が仕事をしている場合は職場への連絡も必要であるなど、対応しなければならないことが増えます。そのなかで学校に連絡するにしても電話は時間が限定され、連絡帳は学校に届ける煩わしさが生じます。日本では共働き世帯の割合が増えており、家庭環境も多様化しています[3]。学校も働き方改革が求められるなか、いままで通りを続けることは難しくなり、2020（令和2）年10月に文部科学省は学校・保護者等間の連絡手段のデジタル化を推進する通知[4]を発出しました。

　2021（令和3）年になると学校・保護者の間のデジタルツールの導入がされた自治体は多くあるものの、ツールが導入されず、おもに電話と連絡帳で連絡していると回答している自治体は少なくありません[5]。電話と連絡帳のみで連絡をしている学校の保護者と教職員は、新型コロナウイルス感染症の対応にあたって連絡に苦慮したことでしょう。わたしも2020（令和2）年5月の新型コロナウイルス感染症からの学校再開以後、欠席連絡が電子化していなかったために欠席連絡の電話を受ける件数が増えました。新型コロナウイルス感染症の流行期は国や県、市から出された指針に従って安全な教育環境を維持しなければならなかったため、欠席連絡が入る時間帯は、受話器をとる手が重くなる、緊張する時間でした。

3　2023（令和5年）度厚生労働省白書によると、「男性雇用者と無職の妻からなる世帯」と「雇用者の共働き世帯」の数は平成8年以降「雇用者の共働き世帯」の数のほうが多くなり、その差は広がり続けている。また「夫婦と子どもから成る世帯」は減少傾向であるのに対して、「ひとり親と子どもから成る世帯」は増加傾向にある。

4　「学校が保護者等に求める押印の見直し及び学校・保護者等間における連絡手段のデジタル化の推進について（通知）」2文科初第1026号令和2年10月20日。

5　Classi社「公立小中学校における保護者連絡用デジタルツール導入状況について調査」によると、教育委員会が連絡ツール導入主体でない自治体における利用中の連絡手段は、電話96、連絡帳17の自治体が回答している（複数回答可）。

●全国の学校における働き方改革事例集（令和3年3月）との出会い

　GIGAスクール構想で1人1台端末が前提となった2021（令和3）年3月、文部科学省は前文に「どの学校でも実現できそうな取組」とうたった全国の学校における働き方改革事例集を公表しました。そこにはオンラインサービスを活用することで、無料で導入できる事例が多く掲載されています。

　事例集には校内での施設や物品の調整や保護者からの情報収集など、さまざまな校内手続きを電子化する事例が書式とともに提供されており、ICTについて特別詳しくなくても事例集を読み進めれば導入できるような構成になっています。しかし、いくら便利なサービスがあるとはいえ、手続きをあれもこれも一気に変えようとすると、負担感が先行して学校内外の理解を得ることは難しいかもしれません。そこで、わたしはひとつでもいいので「導入することでメリットが大きく」「導入前後で教職員の負担が少なく」「教職員や保護者の理解が得られやすい」事例はないかという目線で探し、感染症対策で多くのおとなが時間を費やし、心を砕いている「欠席連絡の電子化」の項目に目をつけました。

　もちろん、このような選択がとれたのもスマートフォンの普及が進んだこととは無縁ではないと考えています。新型コロナウイルス感染症の国内の感染者数は約3,300万人[6]ですが、2009（平成21）年の新型インフルエンザ（H1N1）感染症も国内で約2,000万人が感染しました。先輩の事務職員は当時も欠席連絡の電話が鳴り止まなかったと振り返ります。2010（平成22）年に9.7%だったスマートフォン普及率は、2021（令和3）年には88.6%にまで増えています。新型コロナウイルス感染症の流行期の2021（令和3）年7月、連絡帳と電話による連絡に限界を感じるなかで、わたしは事例集をもとに校長に欠席連絡の電子化を提案しました。

●欠席連絡の電子化の導入までの流れ

　2021（令和3）年学校基本調査をもとに当時の勤務校の状況を紹介すると、児童数538人、21学級の小学校で標準規模より大きい小学校[7]です。市より貸与されるタブレット端末はiPad（Wi-Fiモデル）で、希望する就学

6　新型コロナウイルスの5類移行に伴う全数把握終了の2023（令和5）年5月8日の数値。
7　学校教育法施行規則第41条。

援助世帯には無償でモバイルルーターの貸与があります。市で統一された保護者との連絡ツールはなく、わたしが当市で勤務した2校は一斉メール配信サービスをPTA費で負担していました。新型コロナウイルス感染症下では、学校からの連絡は、紙媒体をはじめウェブサイトやメール配信サービスによりましたが、保護者から学校への連絡は電子化が進んでいませんでした。

　欠席連絡の電子化について校内の「5役会」[8]へ提案する前に、毎朝各学級から届く健康観察の結果をまとめる養護教諭に趣旨を説明しました。欠席連絡の電子化が実務に与える影響について話し合い、養護教諭からも合理化が期待できるという強い後押しを得ることができました。その上で5役会に提案し、2学期からの導入をめざすことになりました。もちろん提案者がすべて背負うわけではなく、校長より校務分掌に応じた役割分担がされました。わたしは、アンケートフォームの作成（養護教諭と連携）と、欠席情報を共有するために職員室の専用モニター設置（情報主任と連携）を担い、保護者と教職員向けの提案文書は、教務主任が作成するという分業体制を構築しました。

　事例集のアンケートフォームは「名前」「学年」「クラス」「出席番号」「遅刻・欠席」「遅刻の場合の登校時間」「理由（自由記述）」が例示されています。養護教諭と相談して、「出席番号」は使わないので割愛し、「理由」は自由記述ではなく発熱や腹痛、家の都合など、出席簿で集計している内容をリストで選択できるように改良しました。リストにするとすべての理由が網羅できず、発熱の場合は体温によって対応がわかれるため、自由記述の備考欄を設けて遅刻の場合の登校時間も含めて対応することにしました。

　当時、地域連携担当教職員であったわたしは、地域学校協働活動推進員と欠席連絡の電子化について話題にしたところ、先進事例を紹介していただきました。その事例から設問に「連絡者続柄」と「緊急連絡先（電話番号）」を加えると、なりすまし防止と誰に聞くと状況がわかるか確認ができるため、これらも設問に加えました。

8　市内で共通の定義はないが、当時の勤務校では校長・教頭・教務主任・校務主任・事務職員で週1回の定例会議があり、学校運営について必要な事柄が議論されている。

　モニター設置にあたっては利用していないモニターとパソコンを探すところから始めました。モニターはGIGAスクール構想で各教室にプロジェクタが入ったため、使われる機会が減った移動式の50インチのモニターを再利用することにしました。しかし職員室のスペースも余裕があるわけではないため、モニターは教職員の動線上にある壁に設置し、パソコンは管理職や養護教諭の近くに置くことにしました。モニターとパソコンの距離が遠くなるため、無線でパソコンの画面をミラーリングできるよう、AppleTVを利用しました。また、工事が必要な箇所についてはわたしが業者と打合せを行い、必要な役務費を市教委と相談して確保しました。工事にあたっては、裏面の壁が来賓玄関を飾る陶壁であったため、いくら業者が陶壁に影響がないと約束していても、無事に工事が終わったときはほっとしました。モニターにテストデータを表示して、見やすいフォントや背景色を探したところ、背景色は「黒」でフォントの色は「白」でサイズは「28ポイント程度」にすれば、1画面に12件程度の情報が表示され文字も無理なく読むことができることが確認できました。また、「学年」に応じて一部の背景色が変わるようにも設定しました。

　いっぽうで教務主任は夏休み中に保護者向けの案内や運用方法についてまとめた資料を整えて職員会議で周知し、2学期の始業式に保護者プリントと学校ウェブサイトで案内して、いよいよ欠席連絡の電子化が始まりました。

●欠席連絡「電子化導入後」の変化

　欠席連絡の電子化が始まった初月の利用件数は98件で、保護者には抵抗感よりもその利便性からか、すぐに浸透した印象を受けました。電話連絡が入るような時間帯には、電話が鳴る代わりに職員室の欠席連絡が映されたモニターには次々と連絡が入ってきました。導入前と導入後の同時期を比較すると利用率が1割程度増加しており、保護者に欠席連絡の電子化が定着した印象を受けました。保護者から届いた情報は教職員のタブレット端末でも共有されるため、担任は職員室だけでなく、教室でも欠席状況を把握できるようになりました。

　このように職員全員が保護者から届けられた情報を直接参照できる環境

ができたため、欠席連絡を担任に伝えることは減り、始業時に連絡なく子どもが不在であった場合は、担任から職員室に連絡が入ることも少なくなりましたし、電話で突然感染症対応を迫られる頻度も減りました。それだけでなく、教員は授業に入る前の欠席連絡を把握した段階で欠席対応ができ、給食の提供やオンライン授業に対応するなど後手に回りがちであった対応に先手を打って対応できるようになりました。また、連絡内容から感染症の流行状況を事前に予測できるため、対応を検討する時間が生まれたので受話器をとる心理的な負担が減ったことが思い出されます。

「欠席連絡の電子化」は、教職員と保護者を時間と場所の制限から解放することになりました。インターネット環境とスマートフォンなどのデジタル機器さえあれば、保護者は学校への連絡をいつでもできるようになり、教職員はそれを確認することができます。保護者のなかには仕事や家庭の都合で決められた時間に電話連絡をすることが難しい場合もあるでしょう。しかしそのいっぽうで瀬戸市でも働き方改革の一環で電話連絡を受けつける時間が短くなる傾向にある印象を受けます。学校にいつでも連絡が通じるのは過去の姿になりつつありますが、先述の通り世帯の多様化は進んでいます。過去のやりかたを続けることはかならずしも正解とはいえず、地域の現状に合わせて見直しを続ける必要があります。

また不登校傾向の子どもを持つ保護者にとっては、欠席を伝える心理的な負担も多少なりとも和らいだのではないでしょうか。感染症の電話連絡を受けるわたしたちの受話器をとる手が重いという以上に、子どもが学校に行けないということを学校に連日連絡する保護者の苦しみは想像に難くありません。なかには、欠席連絡を入れないと必ず学校からかかってくる電話連絡が煩わしい、あるいはさまざまな事情で応対できないという保護者もいるかもしれません。欠席連絡の電子化には、保護者の心理的なハードルも下げる効果があるでしょう。このようにICTは活用次第でいままでひとを縛ってきた時間や空間、ときには心理的なものまで、さまざまな障壁を取り去る可能性があります。

すべての教職員がさまざまな欠席連絡を日々確認することで、不登校傾向が「見える化」できるという効果があることも見過ごせません。また、蓄積された「どの時間にだれが連絡している」というデータは、支援を検

討するケース会議の資料にも活用できるでしょう。

● チームで学校運営改善を実現

　現在、瀬戸市立の小中特別支援学校では、市教委主導で連絡配信と欠席連絡サービスが導入されています。これにより学校ごとで異なるサービス契約し、費用負担がさまざまであった問題が解決されました。学校のICT活用は学校の業務改善にとどまらず、いまや住民サービスのひとつであるといっても過言でありません。しかし、財源や安定的な学校運営を保障する観点から、便利なサービスが一気に導入されて校務が劇的に改善されることは難しいと考えます。とはいえ、2021（令和3）年の働き方改革事例集には、いまも参考にできるアイデアが数多く紹介されています。

　わたしたち事務職員は総務領域の専門職として、ICTを利用した学校運営改善の仕掛人となって家庭や学校の負担軽減に貢献できる可能性があります。もちろんすべての事務職員がICTに詳しいわけではないため、学校のICTを支えるさまざまなスタッフや、事務処理の効率化と学校経営に関する支援を行う共同学校事務室[9]とともに、チームで取り組んでいくことがこれからはますます重要になってくるでしょう。

（松井　政徳）

9　瀬戸市は1から2中学校区単位（特別支援学校は1校1校舎）で共同学校事務室が設置されており、室長である総括事務長のもとで事務職員が室員にあてられており、中学校区単位で学校経営支援を行う実践を行っている。

第3章 財務領域における実践

1 教育ICT環境整備における私費（保護者）負担軽減と公費保障

　GIGAスクール構想の下で整備された1人1台端末（以下、端末）の活用が進むなかで、子どもたちの学びの質を向上させ、教育活動の充実を図るために事務職員として、その専門性を存分に発揮できる機会は数多くあります。とりわけ、費用負担に関することは財務領域をつかさどる事務職員として主体的かつ積極的にかかわるべき内容であると考えます。

　本節では、端末の導入に伴う費用負担に関して私費＝保護者負担（以下、私費）の軽減や将来的な公費保障といった視点から取り組んだ実践などを紹介します。

● 1人1台端末に伴う付属品の整備と費用負担

　国政による推進と財源確保により、端末本体は無償（＝公費保障）で貸与されることとなりましたが、タッチペンやヘッドセット、保護フィルム、キーボードなどといった付属品は自治体や学校によって扱いが異なっています。公費で購入している場合もあれば、私費として保護者から費用を徴収し、購入している場合もあります。

　また、端末を学校から家庭へ持ち帰る際などに使用する専用の保護バッグやケースについても、学校が指定する数千円のものを私費で購入している事例も少なくありません。予算額などさまざまな事情からやむなく私費としていることもあるとは思いますが、コロナ禍で家計が急変している家庭も少なくないなか、これらの費用についてしっかりと議論をすることなく、当然に私費としてしまうことには、わたしは大きな違和感を覚えていました。

● 付属品の検討と公費による購入

わたしが勤務していた学校においては、タッチペンについては、端末と一体的に公費で整備されたため、新たに購入する必要は生じませんでしたが、保護フィルムやヘッドセット、専用の保護バッグについては、学校で必要性の有無と購入時の費用負担について検討しなければなりませんでした。早速、情報教育の担当教員を中心にそれらの必要性を確認したところ、ヘッドセットについては、必要となる場面が生じるかもしれないが、校内に既存のものがあったため、当面の間は必要に応じてそれらを使用することとなりました。新たにヘッドセットを購入する必要が生じた際には、公費での購入を前提に進めることと共通理解を図りました。

保護フィルムについては、フィルム装着による実効性や教職員による年度更新時の交換作業などといった端末の管理面などについても検討し、購入しないことに決定しました。次に、専用の保護バッグについてです。本校の場合、電車通学をしている子どもも多く、通学時間も長いため、通学時に落下や衝突など何らかの衝撃を受けて端末を破損してしまう可能性があることから保護バッグは必須であるという結論に至りました。カタログやウェブサイトなどから端末のサイズに適した保護バッグを探し、見積を徴取したところ、安価なものはなかなかみつかりませんでしたが、他校の事務職員と情報を交換したり、教職員にも情報を収集してもらったりするなかで、手ごろな価格帯のものをみつけることができました。予算残額から公費での支出が可能か検討したところ、じゅうぶんに可能であったため、校長に相談の上、教職員に諮り、校長の承認を得ることで公費での購入が実現しました。購入後は、卒業時に端末とセットで返却してもらうこととし、一体的に管理していくことを教職員間で再確認しました。

いま、GIGAスクール構想は、第2期を迎えています（詳細は第1章第1節参照）。仮に、第1期の端末付属品を私費とした場合、将来、訪れる端末の更新時にこれらの付属品がそのまま使用できるとは限りません。そのような状況のなかで、更新後の付属品の費用を再び私費とするようなことがあれば、保護者に過度の負担を負わせてしまうことも考えられます。端末本体は無償で貸与されているにもかかわらず、同じGIGAスクール構想の下で推進される教育活動において使用する付属品の費用を私費としている

現状は大きな課題であると考えます。

　わたしは、新たな教育施策を導入したことによって結果的に教育効果が高まったとしても、安易に保護者の負担が増大することはあってはならないと考えています。もちろん、財源を確保し、予算上の課題を解消する必要はありますが、これらの付属品も端末と一体のものと捉えることで、セットとして公費によって整備し、貸与することができます。学校財務をつかさどる事務職員として公費による購入を提案し、共通理解を図りながらリードしていくことが重要であると考えます。

● 端末破損時の費用負担と学習環境の整備

　文科省の調査[1]によると、端末の破損・紛失率（全国平均）は2.2%となっており、端末をさまざまな学習の場面で利用することから、教職員がどれだけ注意喚起をしていても落下や衝突などといった衝撃による破損や故障の発生を完全に防ぐことはできません。また、そういった原因がなくても、何の前兆もなく不具合が生じることもあるかもしれません。第1章第2節で述べられているように、自治体のなかにはあらかじめ保護者から同意書を取得し、故障の原因が子どもの重大な過失または故意である場合や過失がなくても登下校を含めた自宅における破損の場合は、その修理費用を私費としているところもあります。そのいっぽう、設置者において公費で破損や故障の対応をしているところもあります。

　また、端末の修理期間中には予備機を貸し出すことで子どもの学習に支障が生じないように対応しているところも多くあります。しかしながら、予備機を活用したこのような対応も破損や故障の台数が多くなってくると予備機や修理費用が確保できず、使用できる端末の台数が不足してくることも考えられます。設置者である自治体が負担している場合であっても修理費用や予備機が不足することがないように事務職員が学校の実情を伝え、じゅうぶんな予算を確保するように求めていくことも必要であると考えます。

1　文部科学省「端末の利活用状況等の調査結果を踏まえた対応について（依頼）」令和5年3月30日　別紙1。

●端末の破損防止につながる学習環境の整備

　現場においては学校財務をつかさどる事務職員がその専門性を発揮し、破損や故障ができる限り発生しないように学習環境を整備するという工夫も考えられます。

　端末が故障する原因として、落下や衝突によるものが多くありますが、端末と教科書などを子どもの机上に置くことからスペースが狭くなり、端末が落下しやすくなるということも容易に想定されます。机からの落下を防ぐために、さまざまな情報を収集しつつ、机の買い替えや落下防止に資する器具[2]の取りつけなどについて検討してみることも重要です。また、子どもが屋外で学習活動を行う際に端末を保護し、落下を防止するためのショルダーベルトつきのケースなども有効であると考えます。

　実際に、わたしが端末を活用した授業を参観した際には、教科書と端末を机に広げているため、机が狭いように感じました。そのため、机が狭く端末が落下する可能性が高いようであれば、机の天板を拡張する器具を購入してはどうかと教職員に提案しました。しかしながら、確かに机は狭いが、落下する可能性が高いとまでは感じず、天板を拡張する器具を取りつけるとこれまでと比べて教室が狭くなることから、しばらくは現状のままで様子をみてみるということになりました。

　その後、わたしが異動したあとに、天板を拡張する器具を購入し、取りつけたという報告がありましたが、結果的には提案してよかったと感じています。これらは当時の勤務校が小規模校であり、大規模校と比べて教室の広さに余裕があったことも少なからず関係しているとは思いますが、事務職員が主体的かつ積極的に提案することで子どもたちの学びの環境を整えることができます。その際には、学校の施設設備や備品の利用者である子どもたちの気づきが大変重要なポイントとなります。学校においては限られた予算を有効に活用するため、学校予算について教職員間で協議し、合意の形成を経て執行方針および内容を決定しています。しかしながら、教職員の視点だけでは決してじゅうぶんではありません。多様な主体から、より多くの意見を集約していくことが重要ですが、特に有効であるのは子

2　机からの落下防止ガードの他にも天板を拡張する器具やUSBポートを塞ぐことで異物の挿入による故障を防止するキャップなどさまざまなグッズが販売されている。

どもたちの意見です。

　子どもたちは学校の主体であり、一日の多くを学校内で過ごしているため、日々の学校生活のなかで教職員とは異なる視点から学校施設などの教育環境をみつめており、子どもたちならではのアイデアや意見をもっていることがあります。それらを学校予算に反映することは、予算の効果的な執行だけではなく、子どもの主体性や創造性に加えて、教職員とともに学校づくりに参画しているという意識を育むことにもつながります。

　このような子どもたちの視点を取り入れるための方法として、多くの事務職員が子どもたちを対象にアンケート調査を実施（井上2022）していますが、そのアンケート調査に端末を活用し、アンケートフォームなどから回答できるようにすることで、これまで以上に効果的に多くの意見を集約できると考えます。また、いつでも子どもたちが端末を活用して購入希望物品などの意見を伝えられるような設定をしておくことも効果的です。

　さらには、子どもたちから学校施設の改修が必要な箇所や危険な箇所などの意見を集約する際にも端末のカメラ機能を用いて実際の場所の画像を共有してもらうなど、端末を活用することでより効果的に状況を把握することが可能です。これらは小学校でいえば、生活科の「学校探検」や体育科の「けがの防止」などともつなげて実施することもできます。

　ほかにもさまざまな取組が考えられますが、事務職員として教育環境を整備し、それらの活用推進に寄与することが重要であると考えます。

● オンライン教材と私費（保護者）負担軽減の取組

　わたしの勤務する自治体では、端末の導入に伴い、補助教材[3]としてデジタル教材（いわゆるデジタルドリル）が全校一律に導入されることとなりました。残念ながら公費負担ではなく私費ではあるものの小学生の場合、このデジタルドリルの年間利用料は700円です。これまで毎学期購入していた紙媒体のワークやドリルに比べると安価な設定となっており、私費の軽減にも寄与するものと捉えています。

　わたしは、年度当初にかならず教材採択委員会（以下、委員会）を開催

3　補助教材の定義については、本書第1章第2節を参照。

し、年間の採択教材および学校徴収金の年額について決定しています。このデジタルドリルの導入も踏まえたうえで、教材採択について検討するようにあらかじめ教員には伝えていましたが、端末の導入初年度ということもあり、多くの教員はこれまでのワークやドリルの代替教材としてデジタルドリルが本当に活用可能なのかといった不安を拭うことができませんでした。「本当にこれまでのワークやドリルの代替教材となりうるのか」「ワークやドリルを買わなくて大丈夫か」「デジタルドリルの使用方法など子どもに正確に伝えられるか不安だ」「不具合なくスムーズに動くのか」「デジタルドリルでどのようなことができるのか、効果はあるのか、よくわからない」などといった声が聞こえてきました。実際に子どもが使用してみないことには、その効果を実証することが難しいため、多くの学年からデジタルドリルの年間利用料に加えて、これまで使用していたワークやドリルについても購入したいという声があがりました。

　委員会のなかでデジタルドリルの利用について議論を深め、デジタルドリルの年間利用料を私費とするからには、しっかりと活用する必要があること、デジタルドリルの導入により既存の補助教材を見直し、教材を採択する必要があることを改めて共通認識しました。その結果、低学年など一部の学年では紙媒体のワークやドリルを併用するほうが効果的に学習できると判断し、購入することとなりましたが、ほかの学年については紙媒体のワークやドリルは購入しないこととなり、保護者負担の軽減につながりました。

　また、わたしはこれまでにも「教材等費用対効果検証シート」（栁澤2019：pp.109-110）を参考に学期[4]ごとに「教材のふりかえり」を実施していたため、デジタルドリルについても「教材のふりかえり」の対象とし、費用対効果を検証することにしました。学期ごとに検証してもらった結果、紙媒体のワークやドリルがなくてもデジタルドリルだけでも支障はなかったという声が多くありました。そのいっぽうで、低学年については翌年度も紙媒体のワークやドリルがあったほうがよいという意見がありました。これらの検証結果を教職員間で共有するとともに、翌年度の委員会で活用

4　実践の当初は年度末にすべての教材をまとめて検証していたが、教員の記憶が鮮明な時期に的確に検証できるように学期ごとに行うようになった。

できるように引き継ぎ資料として保存しました。導入初年度ということもあり、デジタルドリルそのものに不具合が生じるなど、教員もその操作や指導に慣れないなか、私費であるということを踏まえ、それぞれが活用場面や活用方法について試行錯誤しながら取り組んだのではないかと推察しています。

このようにデジタル教材の導入によって、教育効果を高めるとともに私費の軽減につながると考えます。しかしながら、これまで使用していた教材を見直すことなく、デジタル教材を導入するだけでは、ともすれば教育効果は高まることもあるかもしれませんが、保護者負担の増大は避けられません。私費の軽減のためには、教職員自身が私費の軽減について意識しておかなければなりませんが、事務職員が主体的かつ積極的に教職員に私費の軽減について発信していくことで意識の啓発につながります。校内研修はもちろん、事務室からの発信を通じて私費に関する土台づくり（栁澤2022）を進めていくことが重要であることは間違いありません。

GIGAスクール構想の推進に伴って、これまで生じることのなかった通信費用や端末の充電費用などが補助教材費に加えて、私費として生じています。自治体によっては、端末に関する同意書や貸与規定のなかにこれらの通信費用や充電費用について私費であることが明記されている場合もありますが、なかには1回あたりの充電費用の具体的な金額を示しているところもあります。

通信費用については、就学援助の対象としてオンライン学習通信費が措置されている自治体もありますが、家族の複数人がオンライン学習やそのほかのオンライン環境などに同時接続するためにこれまでの契約プランから高額なものに切り替えた家庭もあると考えます。特にこの通信費用については、直接学校に支払うものではないことから「隠れ教育費」（栁澤・福嶋2019）のひとつであるとわたしは考えています。学校財務をつかさどる事務職員として、私費の軽減について実践を進め、広げていく必要性を強く感じます。

● 端末更新と公費保障に向けて

前述したとおり、近い将来、端末の更新が予定されています。この更新

時期においても学校財務をつかさどる事務職員として公費保障に向けて積極的に取り組む必要があると考えます。端末更新については、文部科学省が「学習者用コンピュータの調達等ガイドライン」および「学習者用コンピュータ最低スペック基準」[5]を示しています。

　GIGAスクール第2期においても基金が造成され、公費保障が前提となりました。また、前述の「学習者用コンピュータ最低スペック基準」ではタッチペンは必要な付属品であり、整備は必須と明記されています。そして、その整備方法としては端末と一体的に整備・管理する方法や端末とは別個に、設置者や学校が備品または消耗品として準備する方法が示されています。

　また、「学習者用コンピュータの調達等ガイドライン」によれば、ハードウェアキーボード、スタンド（iPadの場合）、タッチペン、端末本体のカバー、画面保護フィルム、教科横断的に活用できるソフトウェアやその利用のためのクラウドアカウントについては、端末と一体的に整備する場合には、基金による補助対象となります。補助基準額は端末1台あたり55,000円であることから、これらの付属品についてかならずしもすべてが公費保障されるとは限らない場合もあるかもしれませんが、基金による補助対象となっているものを私費とすることがないように、これらの情報をもとに端末更新時には、事務職員が主体的に公費保障を求めていくことが重要です。

　学習活動で端末を使用することがあたりまえとなるにつれて、BYODなど端末の私費に言及されることも少なからず起こり得るかもしれません。事務職員は「総務・財務等に通じる専門職[6]」という立場からその専門性を発揮し、安易に私費とするのではなく、公費保障を前提として捉える意識を教職員に啓発し、保護者負担軽減の土台づくりをしていくことが求められていると考えます。

（井上　和雄）

5　文部科学省「公立学校情報機器整備事業費補助金交付要綱等の制定について」令和6年1月29日。
6　中央教育審議会「『令和の日本型学校教育』の構築を目指して〜全ての子供たちの可能性を引き出す、個別最適な学びと、協働的な学びの実現〜（答申）」令和3年1月26日。

2 タブレットを活用した備品点検
──協働の先に生まれた変化について

　特色ある学校づくりを展開するためには、校長が掲げる学校経営方針のもと、管理職、教員、事務職員が協働し、それぞれの専門性を発揮しながら学校運営を担う必要があります。

　事務職員の標準的職務に位置づけられている「財務」「管財」では、教育課程の実施に必要不可欠である「予算編成・執行」、「施設・設備及び教具の整備及び維持管理に関する事務」、「教材・教具及び備品の整備計画の策定」などがあげられ、事務職員が専門性を発揮することが求められる重要な職務となっています。

　今回の実践であるタブレットを活用した備品点検は、きっかけこそ「ICTを活用した事務の効率化」をめざすものでしたが、実際の取組のなかで発展し、適切な備品管理を行うことで、自校にある資源を職員全体で共有し、よりよい教育活動に生かす手立てとなるのではないかと考え、現在まで研究を深めているところです。

● **取組のきっかけ（事務研情報班による計画・活用実践）**

　GIGAスクール構想の導入に伴い、千葉県成田市では、2020（令和2）年3月に1人1台端末としてiPadが導入されました。なお、導入当初は養護教諭や事務職員などは共用端末でしたが校務におけるICT活用の推進に伴い、翌年には個別の配置となりました。

　成田市学校事務研究部（以下、事務研）では、本市におけるGIGAスクール構想の現状を理解するため、2020（令和2）年6月に成田市教育委員会事務局の指導主事を招聘し、研修会を行いました。研修会では、国の方針や成田市の目標について学び、研修会の終わりには、「事務職員の観点からもICTの活用による事務の効率化をぜひ検討いただきたい」というエールをいただきました。しかし、ICTスキルは個人の力量差が大きいことから、事務研の情報班を中心に研究することになりました。

　情報班では、学校事務における情報の共有化を図ることで、事務処理の平準化・効率化につながるのではないかと考え、様式集や事例集、研究資

料などを保存する「市内共有フォルダ」の管理や、「新規採用及び転入事務職員向けのポータルサイト」の運営などを行い、研究を進めてきました。

2021（令和3）年度は、それらの活動に加えて、成田市学校事務研修会のなかで事務職員向けの「タブレット活用研修」を運営することになりました。この研修では、事務職員が基礎知識をもち、正しく理解しながら、自らが活用できるようになることを目標とし、おもな内容には、タブレットの基本操作、主要アプリケーション（Google Meet、ドライブ）の使いかた、成田市学校情報セキュリティポリシーの確認、タブレットの活用実践例を設定しました。活用実践例では、「タブレットを活用した備品点検」を提案することになり、本校でも早速実践研究を進めることになりました。

● 義務教育学校──成田市立下総みどり学園について

本校は、2014（平成26）年度に下総地区にある4つの小学校と下総中学校の計5校を統合し、小中一貫校として開校しました。2017（平成29）年度からは、義務教育学校[1]として再スタートを切り、9年間の連続した学びを実現するため、前期・中期・後期のブロック制導入[2]や5年生以上の教科担任制、縦割り班活動などの異学年交流など特色ある教育活動が展開されています。

校舎は旧下総中学校の敷地内に増築し、特別教室や体育館は前期・後期課程別に配置され、教職員・予算もそれぞれの配当でありますが、学校運営に係る委員会などは一体的に構成されています。

事務職員がチーフとして運営する財務委員会[3]についても、前期・後期課程を一括で組織することにより、9年間の学びを意識した予算計画を立てることができ、より効果的な財務運営が行われることをめざしています。現在、本校にある備品は、旧中学校備品に加え、閉校した4つの小学校から移管された備品、開校時に配備された初動備品があり、その後も毎年の配当予算から、要望や状況に応じた備品の購入を進めています。

1　小学校を前期課程、中学校を後期課程とし、1～9年生の子どもが在籍している。
2　発達段階にあわせ9年間の区分を前期ブロック（1～4年生）、中期ブロック（5～7年生）、後期ブロック（8～9年生）としている。
3　年間3回の財務委員会において、予算計画、要望、執行状況、決算報告や学校徴収金の取扱いなどについて協議している。

●研究実践：2020（令和2）年度までの備品点検

　成田市では、市内全校の備品が登録されている「成田市学校備品管理システム」（以下、備品システム）があります。備品システムでは、おもに備品の登録、廃棄、修正などの決裁を行い、また分類別、設置場所別などの用途に合わせた備品一覧の出力やラベル印刷をすることができます。他校の備品情報も確認できるため、貸し借りすることも可能で資源の有効活用にもつながっています。

　各学校が備品点検を行う際には、年に1回程度、備品システムから教科毎に紙媒体で出力した備品台帳を使用してきました。本校においても夏季休業中に、前期・後期課程毎に担当者を分け実施していましたが、じゅうぶんな時間をとることは難しい状況にありました。しかし、そのために点検がおろそかになってしまえば、教育活動や財務運営にも影響がおよび、いかに効率よく、確かな点検を実施できるかが課題となっていました。

●研究実践：2021（令和3）年度の取組──研究実践1年目

　はじめに、これまで紙媒体で出力していた備品台帳を、データで取り出し、タブレットで点検が行えるよう「データ版備品点検台帳」の作成を行いました。すでに情報班内で、データの作成方法を確認していましたが、備品点検台帳をよりよいものにするためには、実際に使用する職員と相談しながら作成を進めることが最適であると考え、レイアウトや点検項目などの仕様を教務主任や情報担当と検討し、デモ版を作成しました。

　ファイル形式は、検索機能が利用可能で、複数人が同時編集することのできる「スプレッドシート」を活用し、データ作成にあたっては、備品システムから教科毎に出力したテキストデータをExcelに貼り付け、セル幅など調整したものをスプレッドシートに変換しました。スプレッドシートへの変換後は、チェックボックスなどを加えたり、上書きされたくないセルに保護をかけたりと集約者と点検者の双方が利用しやすいよう、加工してから共有ドライブに保存しました。デモ版を数名の職員に実際に動かしてもらい、出された意見から更なる修正を加え、教科毎にシートを分けた前期備品点検台帳・後期備品点検台帳のふたつのファイルを作成することで完成となりました。

　次に、職員会議における提案です。準備を進めるなかで、教職員から「教材室などの片付けや整備も併せて実施したい」との要望があったため、教務主任と分担などを相談して、資料を作成しました。会議では、教職員の関心や理解を深めることに重点を置くため、目的を明確に提示し、簡潔に説明しました。

　　―点検当日・点検後の振り返り―
　当日は、時間短縮が実現され、教職員の要望であった教材室などの片付けや整備まで実施することができました。不要品の廃棄なども行い、教科・学年別に分けられた使いやすい環境へと整えることができました。また、備品点検データにはFormsで作成したアンケートリンクを貼り、事後評価を実施しました。

【アンケート項目】
　　1　備品点検台帳は便利だったか
　　2　紙媒体と比べて時間短縮になったか
　　3　次回もタブレットで実施したいか
　　4　自由記述

　アンケート結果では、「同時編集が出来て便利だった」「時間短縮になった」「検索機能が便利だった」などの肯定的な意見が多くあったいっぽうで、「メモを取るには紙のほうが良かった」「タブレットを持ち歩いて点検するのは重かった」などの意見もあり、ICTが得意ではない職員からは、操作の難しさについても意見があがりました。加えて、備品点検後の集約を事務職員が行った際には、チェックボックスの空欄箇所について、担当職員との確認が必要になったことから、課題が残る結果となりました。

● **研究実践：2022（令和4）年度の取組──研究実践2年目**
　2021（令和3）年度中に、タブレットにMicrosoft Officeがインストール可能となったこともあり、備品点検台帳をスプレッドシートからExcelへ仕様変更しました。チェックボックスをプルダウンリストに置き換えることで、備品の「有・無・不明」を選択することができ、点検者も集約者も

確認が容易になると考えたからです。また、昨年度の反省から、だれもが使いやすい点検台帳となるよう、基本の入力方法、コメントの入れかた、検索機能の使いかたなどを記載した説明資料を作成し、点検台帳とともに保存しました。

実施後のアンケートでは、昨年度同様、肯定的な意見が多かったのですが、新たな意見として、「備品数の少ない教科では、前期・後期別のファイルではなく、ひとつのシートにまとめたほうが点検しやすい」といった声があがりました。本校では、5年生以上が教科担任制となっており、教員によっては、前期課程と後期課程の授業を担当するケースがあります。音楽・図工などの技能教科では、前期課程の子どもが、後期課程の特別教室で授業を受ける場合もあります。予算上は、前期・後期を分けて購入しなければならない備品ですが、教員が授業をするうえで、管理・使用しやすい場所に備品を置くのは当然であることから、教材室や特別教室には、備品の混在が多くなっている現状がありました。

また、今年度の大きな変更点であった「スプレッドシートとExcelはどちらが使いやすいですか？」の問いに対しては、職員が日頃から使い慣れているExcelに多くの支持が集まりました。この結果は、備品点検後の集約時にも顕著に表れ、点検結果の見やすさはもちろんのこと、職員が記載するコメントからは、より詳細に備品の状況把握ができるようになりました。これまで事務職員からの働きかけにより得ていたものが職員発信のものへと変化したことで、そのほかの業務においてもさまざまな意見・要望を得られるようになり、職員全体で取り組む事務の効率化につながっています。さらに集まった意見や要望を総合的に判断し、より効果的な財務運営や教育活動へと結びつけられる段階へと発展してきました。

● 研究実践：2023（令和5）年度の取組──研究実践3年目

前年度の意見から、2023（令和5）年度はファイルをひとつにするところからはじめました。備品数と点検担当者を考慮し、国語、社会、算数・数学、図工・美術、家庭、共通をひとつのシートへ、そのほかの教科は、前期・後期別のシートに分けることにしました。そして、新たに備品要望シートも加えることにしました。ここまで触れてきませんでしたが、本校

の備品要望書は、校内共有ディスクに常時保存されており、年度当初の要望時に活用するほか、点検時や財務委員会などで使用されてきました。しかし、校内共有ディスクは、セキュリティ上、タブレットからアクセスすることができないため、点検作業中に要望書を作成することができませんでした。そのため、カタログや写真を持って事務室へ要望を出しにくる教職員が多くいました。

　研究実践の開始から3年目を迎え、点検自体は学校全体としてスムーズに進めることができました。また、ファイルをひとつにしたことで、過去2年間みつからなかった備品（後期登録備品が3、4年の教材室にあった）を発見することができた教科もあり、改善の効果をしっかりと感じることができました。追加した要望シートについても、職員が点検をしながら、ウェブサイトで電子カタログを開き購入希望の備品を検索したり、スクリーンショットを添付したりと、その場での対応が可能になったことから、好評を得ることができました。

● **成果と課題：タブレットを活用した備品点検について**

　かつて膨大な時間をかけ、実施していた備品点検が、タブレットを活用することで、ほかの職員との協働につながり、職員全体の負担軽減や事務の効率化へとつなげられたことは、大きな成果だと考えます。

　また、前期・後期分の備品データをひとつのファイルとして共有ドライブに保存することで、「どこに」「何が」あるのか、「いつでも」「だれでも」確認することができるようになり、円滑な活用環境が整えられました。本校にある3,000を超える教材備品は、税金を投入して購入された大切な資源です。その資源の有効活用はわたしたちの責務でもあります。統合前の備品に関しても、「まだまだ使用できる！」「今後も使用したい！」という職員の思いや願いのもと、移管されており、本校が特色ある教育活動を行ううえで、欠かすことのできない貴重な資源となっています。今後これらの資源を生かすためには、点検を終えたことに満足せず、その後の予算執行計画についても、全教職員で情報共有していくことが重要であると考えます。今後は、実践定着後の先にある財務運営について、財務委員会を中心に深めていき、学校教育目標の具現化への明確な手立てとして確立させ

ていきたいと考えています。

● 成果と課題：取組の先の成果（財務に対する意識の向上）

　この実践研究を通じて、わたしが想定していなかった成果も多くありました。それは、教職員発信で始まった教育環境整備や、教職員の財務に関する意識の変化です。

　備品点検台帳を作成する際、実際に使用する教職員の意見を聞くため、さまざまな教職員と協議をしました。その際、職員のほうから教育環境整備実施の声があがりました。これは、備品点検にかかる時間を短縮できたことから生まれた新たな取組です。環境整備は、特別教室や教材室、各教室に至るまで実施しました。普通教室には、開校当初こそ、連続した学びへとつなげるため足並みを揃えた備品配備が行われていましたが、月日やひとの流れのなかで変化してしまった状況があり、改めて適切な備品配備について考え、教育環境を整えることができました。

　また、一連の取組のなかでは、計画から評価まで教職員と協働し実践したこと、事務職員が作業をともにしていたことからも、相互理解がスムーズになり、備品にとどまらない多くの情報が集まるようになりました。他にも電子回覧を活用し、積極的に学校財務に関する情報を発信[4]している効果だと考えます。このことは、財務委員会での活発な意見交換や、職員会議における財務関係の提案場面において少しずつ生かされており、教職員全体の財務に関する意識の向上を実感しています。

● 成果と課題：事務研情報班として

　この実践例は、2021（令和3）年8月の成田市学校事務研修会で紹介しました。研究発表ではないため、研修会では、備品点検台帳の詳細な作成方法や、共通のフォーマット、操作手順を示し、得られた効果をかんたんに伝えるだけにとどまりましたが、どの学校においてもすぐに試みることができました。また、ICTが得意でないために、なかなか取り掛かることが

4　たとえば、毎月の予算執行状況（購入内訳や使用用途など）や、備品の修繕希望、配当予算と補助金の違いを説明する、購入希望を募るなど。最低でも月1回は情報を回覧板で知らせています。返信機能もついているため、意見集約する場としても活用することがある。

できなかった学校についても、市内を巡回するICT支援員の力を借りて、データ作成を進め、職員会議で提案・実践へと到達したところがあります。よりよい学校運営のため、「やってみたい！」という前向きな気持ちで、ICT支援員との協働が図られたことは、またひとつ事務職員が前進するための大きな材料となりました。

● おわりに

　成田市では、共同実施でもタブレットを活用している地区があり、計画書・報告書の作成はもちろんのこと、共同実施だよりや、教職員向けの説明動画、帳簿点検の実施などにも活用が図られています。また、休職中の職員への連絡や情報提供に使用するなど活用場面は広がりをみせています。

　このように、利便性の向上が各所でみられるICTですが、活用にあたっては、各自治体で定められている情報セキュリティポリシーを理解したうえで、効果的に取り入れられるよう研究を進める必要があります。またICTの得意、不得意に限らずまずは挑戦してみることが大切です。行き詰まることがあってもひとりで抱え込まず、校内外の教職員と相談し、協働することで、よりよいアイデアや解決策、予期せぬ効果につながっていくのだと思います。

　自己評価、他者評価をかならず行い、成果を確認するとともに課題を把握し着実に克服していくことで改善が図られ、実りのある実践となっていくでしょう。失敗や成功の繰り返しの先に、生まれる成果や教職員との関係を強みとして、自校資源を生かせる事務職員となれるよう今後も邁進してまいります。

（小林 愛美）

3 ICTがもたらす財務運営への効果と実践

● ICT活用における実践

　事務職員は、学校現場で唯一の行政職であり子どもたちの学びを支え、ウェルビーイング[1]の土台を「チーム学校」でつくり上げていくコーディネーターです。また、教職員の働き方改革についても大きくかかわっています。

　これから紹介する実践事例は、ICTを利活用することで業務改善を図り、教職員が子どもたちと向き合う時間を確保できるようにしたり、財務運営の効率化を図ったりすることに焦点を当てたものです。教育現場でのICT機器及びQRコードの活用と普及や、事務職員としての専門性をどのように発揮していくことができるのかを、実践事例をもとに紹介していきます。

● 実践1　QRコードを活用した消耗品・備品などの管理

　事務職員には、学校運営や学校財務運営上、学校配当予算の管理はもちろん、備品管理や消耗品の在庫管理などを滞りなくおこなっていくことが求められます。授業に使用する備品が壊れて使えなかったり、必要な数がそろっていなかったりという状態は、できる限り避けなければなりません。

　しかし、事務職員が毎日、備品点検や在庫チェックをできるわけではありません。使用する時期が決まっているものは、あらかじめ準備ができますが、常時減っていく消耗品には気づきにくいことが多いです。そのため、使用する教職員に、消耗品が少なくなった、無くなったということを伝えてもらわなければなりませんが、授業中で急いでいたり、事務職員が出張や退勤後で、伝えることができなかったりする場合もあります。

〈消耗品・備品など購入依頼をQRコードにする〉

　消耗品・備品などの購入依頼はこれまで、右図のように、口頭・記入用紙の場合の工程が必要であったため、時間も手間もかかっていました。そこで、アンケート回答型のウェブフォームをQRコードにし、消耗品が管

1　心身と社会的な健康を意味する概念。満足・幸福・充実した状態。

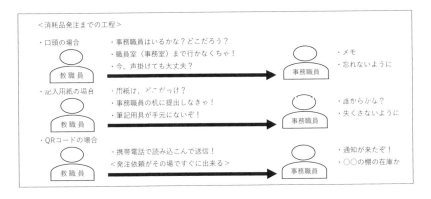

理されている箇所に貼ることで、その場ですぐに依頼することができます。発注までの工程が減り教職員にとっても、事務職員にとっても時間短縮になります。

　石川県加賀市は1人1台端末でChromebookを導入し、教職員、子どもにGoogleアカウントが付与されているため、Googleフォームを活用していますが、かならずしもGoogleフォームである必要はありません。ウェブフォームはGoogleのほかにも存在しますが、無料であることや回答集計、回答通知機能が備わっていれば、同様に活用することができると考えます。

〈アンケートフォームを作成する〉

　アンケート回答型のフォームを作成する場合、ユーザビリティを確保する必要があります。依頼に必要な最低限の項目に絞り、説明しなくても迷わず回答ができるようにします。また、回答項目については、できる限り文字入力を無くし、選択方式をチェックボックス（複数選択）やプルダウン・ラジオボタン（単一選択）にすることで、回答に対する煩わしさがなくなります。

　質問の選択肢についてもできる限り少なくすることで、回答者は目当ての選択肢を探す手間を省くことができます。携帯電話を使いQRコードを読み取ることを想定しているため、ユーザーインターフェース[2]を考慮し、選択肢は多くても15個までにしたほうがよいでしょう。物品の種類が多い

2　PC上の画面表示の見え方と携帯電話の画面表示の見え方は異なる。

場合は、区画ごとにフォームを複数作成することをおすすめします。複数のフォームを作成する場合、基本的な質問項目、順番は同じようにします。また、画像も挿入できます。別の場所に在庫を保管している場合、保管している場所の写真や地図も挿入できるので、保管場所も確認でき、在庫があるのに発注するというミスも防ぐことができます。【資料3-3-1】

〈QRコードに変換し保管箇所に貼り付ける〉

　アンケートフォームを作成したら、次にQRコードにします。アンケートフォームのURLをQRコードの作成ツールを利用し、画像保存します。保存したものは、かんたんな説明をつけて用紙に印刷します【資料3-3-2】。カラー印刷することで目につきやすくなります。印刷したものは、インクが擦れたり用紙が破けたりして読み取れないということにならないように、ラミネートをします。ラミネートは、光を反射しない「マット加工」されたものを使用すると、照明の光で読み取りにくいということはなくなります。

　収納棚やラック、キャビネットなど、そのものが保管されている場所の目につきやすい箇所に貼り付けます。

〈アンケートフォームの集計・活用方法〉

　アンケートというと、集計が大変なイメージがあり、導入へのハードルが高くなりがちですが、少し工夫をすることで、効率がぐんと上がります。

　アンケートフォームが回答されると、ウェブブラウザ上で集計されますが、複数のアンケートフォームで運用するためそれぞれを確認しなければならず合理的ではありません。Googleフォームだとスプレッドシートに、Microsoftフォームズだとエクセルに結果を反映させることができます。どちらも、複数のアンケートフォームの回答をひとつのファイルに反映させることができます。回答結果はアンケートフォームごとにシートが作成され該当のシートに蓄積されていきます。ここでも、それぞれのシートを確認するのは合理的ではないため、回答結果の集計シートを作成してまとめます【資料3-3-3】。アンケートフォームごとに、質問項目の順番や内容が異なると、集計シートへの反映が難しくなります。アンケートフォーム

のテンプレートを作成し複製し編集することで、作業の効率が上がります。

〈教育におけるQRコードの活用〉

　QRコードは、広範な用途があり、社会一般的に幅広い分野で利用されています。学校においても、学校だよりや保護者アンケート、中学校や高校の学校案内ポスターなどにもQRコードが活用されています。STEAM教育では、子どもが作成した成果物をQRコードにして掲示したり、各委員会活動でのお知らせをQRコードにしたりと、子どもにとってQRコードは、身近なものになってきています。

　事務職員においても子ども向けのQRコードの活用ができます。たとえば、子どもたちが学校生活で危険だと感じる場所、ものについてのアンケートや、子ども向けの事務だよりをQRコードにし、掲示してもらうことで、休み時間などを利用してアクセスすることができます。紙媒体で配付すると、そのときにしか回答できないためじゅうぶんな回答を得られないこともあり、単発の取組となってしまいがちですが、QRコードにすることでいつでも回答することができます。これにより、ICTを活用した取組が可能となります。

●実践2　各種様式の自動化・効率化

　事務職員は、数多くのさまざまな書類の報告をします。報告物のなかには、入力が大変なものや計算が大変なものがあります。また、報告物だけではなく会計簿や台帳管理などルーティーンな業務のなかで扱う様式があります。それらを、ICTを活用し自動化・効率化することによって、大きな成果を得られることもあります。では、各種様式を自動化・効率化することによる効果とポイントを押さえていきます。

〈自動化と効率化の効果〉

　自動化と効率化は、業務のプロセスやタスクの実行において時間やリソースの節約ができます。また、業務のプロセスの自動化により、タスクの完了時間が短縮され生産性が向上するため、業務効率が向上します。さらに、効率化により情報やデータの正確な処理や分析を行うことができます。

〈自動化・効率化の可能性があるものをみつける〉

　「この様式、こうなったら楽になるのにな」「○○と○○をひとつにまとめると同じことをしなくてもいいのに」と思ったことはありませんか。まさに、そう思うことが、自動化・効率化できるものなのです。具体的には、数値や日付を複数入力するものや、データの転記、ルーティーンな業務などについても自動化・効率化できるものになります。まずは、こういったものを見つけることが、自動化・効率化の第一歩となります。

〈ICTを扱う技術の向上〉

　様式を自動化・効率化するというと、プログラミングや難しい関数を扱わなければいけないと敬遠される方も多いと思います。自動化・効率化する方法が分からない場合でも、インターネットで検索することで、ほとんどの場合、目的の方法が見つかります。「こんなかんたんなことで解決するのか」と思うものもたくさんあります。自分にはできないと思わず、まずは調べてみることが大切です。

　ChatGPTなどの生成AIを活用することで、プログラムや関数を効率的に生成することができます。具体的な条件を指定することで、目的のプログラムや数式を提供してくれます。また、コードの説明も行ってくれるため、理解が難しい部分もサポートしてくれます。

〈デバック作業の必要性〉

　既存様式の改善、新規に作成する場合にはプログラムや関数が正常に作動するかをきちんと確認しなければ、ミスにつながってしまいます。また予期せぬエラーが起こる場合もあるため、デバック作業が必須になります。

　たとえば、想定範囲外の値や数値を入力した場合や、意図しない場面でのプログラムの作動などを、作成者が意図的に起こしてみることで、正常に作動するかを確認します。

〈ユーザビリティの確保〉

　様式の改善や新規作成する上で、だれもが使えるものを作成することを

心がけてください。作成した当人しか分からないものではなく、人事異動で次の事務職員が迷わず使えるものを作成してください。使いかたの説明をつけたり、自動計算の際に入力セルに色を付けたり、編集できないように設定したりするなどの、工夫が必要です。

　以上の効果とポイントを押さえ、様式の効率化・自動化を図った実践の具体的な例をいくつか紹介します。

・日付、曜日、時間の自動計算（様式改善）
・日付入力部分にカレンダーを使い効率化（様式改善）【資料3-3-4】
・パターン化された複数入力するものを1回で入力（様式改善）
・休暇などの一括管理ファイルを作成し、ほかの報告に活用（新規作成）
・会計出納簿、会計報告などのファイルを一元化（新規作成）
・休暇等計算ファイルの作成による累計ミスの削減（新規作成）
・手引きをファイルに埋め込む（様式改善）

　最後の「手引きをファイルに埋め込む」について、概要を説明します。備品台帳（Excel）の例です。
　備品を登録する際の分類など、【大分類－中分類－小分類】と分類が細分化されているものでは、すべてを覚えることは難しく、その分類について備品管理の手引きやデータを調べることになると思います。備品を登録する度に手引きやデータを開かなくてもよいように、ボタンやセルのダブルクリックで、大分類、中分類を参照して小分類のリストを表示させます。分類の種類が少ない場合は、ドロップダウンリストを活用できますが、分類の種類が多い場合には、マクロのユーザーフォームなどで、一覧を表示させるほうが見やすくなります。このように、手引きやデータを確認しなくても、入力できることは、効率化につながります。
　様式の効率化・自動化には、技術が必要ですが、少しの知識でできることも多く、さまざまな様式で応用することができます。難しい場合は、ICT活用が得意な教職員や事務職員に依頼したり、地区の事務研究会などで取り上げてもらったりして、周りを巻き込むことも有効な手段です。

● 実践3　文書管理をICT化へ

　行政職員である事務職員は、校務分掌で文書管理を担当し、文書受付・発送・保存業務を行います。学校には、教育委員会や各教育機関、他団体と、多くの文書やメール、案内などが送られてきます。それらは、各自治体の文書管理に関する規定により、取り扱いについて定められています。

　文書などは基本的に保存する際、紙媒体で保存することになっている自治体が多いと思います。そのため、メールで届いた文書について、印刷し受付を行うことになります。印刷することで、用紙、インク・トナー代がかかり、また紙媒体で保存するには、ファイルや保存する棚などが必要になります。それらの消耗品を購入することで学校配当予算が逼迫していることは明白です。

　文書管理をICT化することで、予算削減と業務改善のふたつを実現することができます。では、実現に向けてのポイントを説明します。

　・受付する文書を精査する

　・電子データは印刷しない

　・保存文書は電子データで保存

　加賀市では受付をする文書について、これまで各学校の判断で受付をしていました。すべてを受付する必要はありませんが、教育委員会から届いた文書などについては内容にかかわらす、すべて印刷し受付していました。年間にすると1,000件を超えます。校務支援システム導入後、市教育委員会によって受付文書の精査が行われ、送付されたもののみ受付することになり、受付文書の大幅な削減が実現しました。

　そのことにより、用紙・インク・トナーの予算削減や、印刷業務・受付業務の大幅削減が図られ、事務職員の業務改善にもつながりました。さらに、削減できた予算を授業で使う教材やカラー印刷用インクを購入する予算にあてることができ、予算の効率的な運用にも役立ちました。

　学校のメールアドレスで受信された文書は、受付の必要なもののみ印刷します。その後、担当者に転送したり、回覧文書の場合は一斉送信したり

して迅速な情報共有を図ります。校務支援システムで受信された文書は、各担当者が確認し効率的に処理できるようになりました。既読・未読の状態を確認でき、未読の場合は担当者へ伝えることもできます。これにより、電子データでの閲覧が可能になり、印刷物の使用を抑えることができます。

　文書保管に関して、加賀市では「加賀市立学校文書取扱規定」により、紙媒体での保存が規定されていますが、電子データで保存することにより、保管スペースの削減ができます。また、検索やアーカイブが効率的に行えるようになり、多くの利点があります。

　文書のデータ保存には、規定の整備、セキュリティ対策、保全性の確保、データの整合性の担保が必要になります。自治体や教育委員会と連携して、文書のデータ保存が、進められていくべきだと考えます。

● 今後のICT活用について

　これまで、ICT活用実践について述べてきました。ICTの活用により、業務改善やコスト削減につながることがわかっていただけたかと思います。導入にかかる時間、コスト、効果に大小ありますが、ほかにもICTを活用できるものはたくさんあります。備品管理のQRコード化や、学校集金の完全キャッシュレス化、掲示版の電子化などのICTを活用した取組を進めるために、まずは、既存の方法を現代の技術でどう改善できるか、という視点をもつことが重要です。

　学校教育、学校財務運営におけるICT活用は今後、めまぐるしく変化、発展していきます。そのなかで、アンテナを高くして、学校教育や学校運営に取り入れることができるかを考えることが事務職員として大切だと思います。そして、教育情勢や学校の状況を総合的に捉え、提案していくことが重要だと考えます。

（吉村　圭司）

資料3-3-1　消耗品等発注フォーム見本

資料3-3-2　QRコード貼り付け見本

資料3-3-3　集計用関数見本

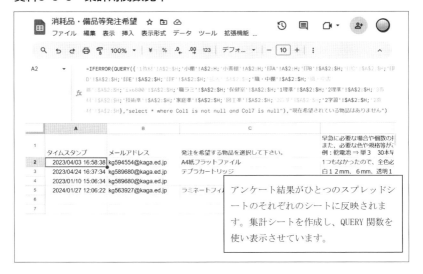

アンケート結果がひとつのスプレッドシートのそれぞれのシートに反映されます。集計シートを作成し、QUERY 関数を使い表示させています。

資料3-3-4　日付入力簡略化見本

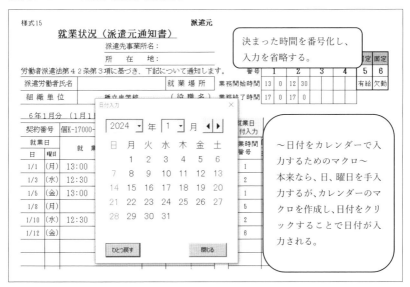

決まった時間を番号化し、入力を省略する。

〜日付をカレンダーで入力するためのマクロ〜
本来なら、日、曜日を手入力するが、カレンダーのマクロを作成し、日付をクリックすることで日付が入力される。

1　教育ICTと専門性の融合──事務職員の役割を捉え直す

　コロナ禍以降、子どもたちだけでなく、教職員や保護者がもつ「教育ICT」のイメージはだいぶ親しみやすいものになったと感じます。子どもたちは、貸与されたタブレットを指導する教職員よりもじょうずに使いこなします。また、学校現場ではペーパーレス化が進み、チャットツールによる情報共有や欠席連絡のデジタル化による朝の活動時間の確保、Tetoru[1]（以下、テトル）を活用した情報発信力の向上など、さまざまな場面で教育ICT機器が活用されるようになりました。このような変化のなかで、わたしが実践してきた教育支援の手立てを3つ紹介します。

●実践例1：就学援助申請のサポート（テトルの活用）

　多くの事務職員が携わっている業務のひとつに「就学援助事務」があります。自治体によって就学援助の申請時期は異なりますが、わたしが現在所属している自治体では、「就学援助事務」の流れは以下の通りです。

　①新入学用品費の支給及び保護者への周知（1月）

　②教育委員会より「保護者向け案内文（就学援助制度）」が学校に届く（2月）

　③②を参考に「事務だより（就学援助制度）」を作成（2月）

　④入学説明会において、就学援助制度についての説明を行いつつ、「保護者向け案内文（就学援助制度）」と「事務だより（就学援助制度）」を参加保護者に配付。（2月）

　⑤教育委員会より就学援助申請の案内が通知される（4月）

1　tetoru「小中学校向け保護者連絡ツール（https://tetoru.jp/）」

⑥⑤の通知を参考に「事務だより（就学援助申請）」を作成（5月）

⑦「事務だより（就学援助申請）」「申請様式」をすべての家庭に配付（5月）

⑧就学援助申請書の受理開始（6月）

⑨管理職、担任、教育相談担当教諭と情報交換を行い、支援が必要と考えられる家庭に対しては、個別に就学援助申請の案内を行う（6月）

⑩受理した書類を精査し、教育委員会へ提出（6月）

⑪教育委員会より認定結果が通知される（9月）

⑫認定結果を就学援助申請家庭に周知（9月）

　＊その他、年間を通して「事務だより」を作成し、就学援助申請の案内と受付を実施

　就学援助事務において、わたしが大切にしていることのひとつに制度の周知強化があります。たとえば、就学援助制度についての「事務だより」を定期的に作成し各家庭に配付します（③および⑥）。説明会開催時には、口頭説明と合わせて配付することで、就学援助制度の内容をわかりやすく伝える工夫を行います（④）。さらに、すべての家庭へ周知することはもちろん、支援が必要と考えられる家庭に対しては、個別にお手紙を作成し、制度の案内を繰り返し行います（⑧）。

　教育ICT機器導入後は、従来の紙媒体による周知に加えて、保護者連絡ツール「テトル」によるデータ配信を活用するようになりました。

　テトルは、保護者の登録が容易[2]で、学校側も保護者の登録状況を把握することができます。手軽な登録手続きと容易な情報管理は、このツールを広く利用する上で極めて重要です。

　また、学校から保護者に送ることのできる情報量も非常に多く[3]、いままで紙媒体で配付していた事務だよりや教育委員会からの案内文、申請様式とその記入例などをデータ情報として送信することが可能です。

　就学援助事務の周知方法にテトルを取り入れることには、次の3つのメリットがあります。1つ目のメリットは「子どもを介さず直接保護者に連

2　学校が発行するQRコードを専用アプリで読み取るだけで登録可能。
3　タイトル（60文字以内）、本文（2,000文字以内）およびデータファイル（jpeg、gif、png、pdf）を1ファイル3MB以内、添付数5つまで送信可能。

絡できるようになった」ことです。紙媒体のみの場合、通知文は通常、担任を介して子どもに配付され、それが保護者に届けられる流れが一般的です。この場合、「保護者への確実な到達」が最大の懸念事項となります。たとえば、下校時に子どもたちが通知文を紛失してしまうという状況が、真っ先に思い浮かぶ光景ではないでしょうか。ほかにも、子どもの欠席や担任が配付を忘れてしまうことも考えられます。また、不登校の子どもを抱える家庭に対しては、発送を検討する必要があります。

　いっぽう、テトルを利用した周知では、学校から保護者へ直接連絡を行うため、通知文が確実に保護者の手元に届きます。また、「既読機能」も備わっており、情報の受け取り状況の把握が可能です。これにより、通知文が届かずに就学援助申請ができないという状況を防ぐことができます。

　2つ目のメリットは、「周知が容易である」点です。紙媒体による周知には、①通知文の作成、②世帯分の印刷、③封入して配付する、といった作業工程が必要となります。これは、世帯数が増えるほど、時間と労力、さらにはコピー用紙などの費用負担が増えるという問題があります。しかし、テトルによる周知では、この工程が不要となるため、「周知を行う」ことに対するハードルが下がることになります。これは、保護者に就学援助制度を知ってもらうという点において非常に重要な意味をもちます。

　就学援助制度における認定基準の対象者は多岐にわたるため[4]、説明する内容や提出書類が複雑化しやすい制度です。事務職員はなるべくわかりやすく伝える工夫を行いますが、一度の周知ですべての家庭に就学援助制度のことを知ってもらうことはとても困難です。そのため、繰り返し情報を周知することが極めて重要です。「周知が容易である」というメリットは、就学援助制度についての情報を広く知らせ、家庭に浸透させることで、申請へのハードルを下げる効果が期待できます。

　3つ目のメリットは、「即座に連絡が可能である」ことです。日々多忙のなかで、就学援助を希望していても、申請をついうっかり忘れてしまうというケースもあります。そのようなケースを防ぐために、締め切り日前にもう一度申請の案内を行っています。しかし、紙媒体のみの案内では、

4　所得基準、市民税非課税者、児童扶養手当受給者、その他特別な事情があるなど。

保護者へのやりとりに時間がかかってしまい、申請期間内に間に合わないという問題が生じる可能性があります。急ぎの連絡を必要とする場合、即座に連絡が届くテトルでの配信は非常に有効な手段です。実際に配信したその日のうちに数件の申請相談の連絡が入ってくることもありました。また、担任や教育相談担当との情報交換の中で、いままで申請がなかった家庭でも、実は支援が必要だったと明らかになるケースがあります。かつて、子どもの姓の表記について担任に相談があったという情報から離婚が発覚したことがありました。そのような家庭に対しては、学校側から何度もアプローチをかける必要がありますが、連絡自体に時間がかかってしまうことで、そのアプローチがうまくいかないことがあります。その場合、先に就学援助制度の概要と申請の案内をテトルで行い[5]、担任と協力して申請までのサポートを行っています。

●実践例2：保護者とのコミュニケーションチャネルの構築（Microsoft Forms[6]の活用）

　学校から各家庭へ連絡する手段として、テトルは非常に効果的であり、ほぼ確実に情報を保護者へ届けることができます。ただし、その届けた情報が保護者に正確に伝わっているかどうかは別の問題です。わたしたちは、保護者に伝わりやすい文章になるよう工夫して情報を発信するように心がけていますが、それでも保護者にとっては、文章が難解に感じることがあります。そのような場合、たとえ多くの情報を発信しても、保護者からの反応が得られないことがあります。そのため、学校側はテトルを導入するにあたり、一方的な情報発信だけではなく、保護者から学校へも情報を伝えることのできる双方向の仕組みをつくる必要がありました[7]。

　保護者が学校に情報を伝える方法は、電話連絡や直接来校するなどが一般的ですが、いずれも保護者に大きな負担が伴います。そのことで、学校と保護者の間でのコミュニケーションの障壁が生じ、子どもたちの学習や

5　2024年1月現在、「世帯別に連絡する機能」は未実装。「任意のグループ別に連絡する機能」を代用することで、「特定の世帯のみの情報発信」を実施。

6　マイクロソフト社が提供するアプリケーションのひとつ。アンケートやクイズを手軽に作成し、集計することができるツール。

7　2024年1月現在、保護者から学校への連絡可能なテトル機能は欠席連絡のみ。

発達に影響を及ぼす可能性があります。そこで、保護者の負担を軽減するために取り入れた仕組みがMicrosoft Formsです。

Microsoft Formsは、その使いやすさと回答・集計の容易さが特徴[8]です。アンケートに回答するだけという、保護者から学校へ情報を伝える手段としては非常にシンプルです。そのため手軽で迅速に情報を伝えることが可能で、時間に制約されないことから保護者の負担は大幅に軽減できます。

いっぽうで、同様の仕組みとしてメールを利用する方法もあります。しかし、Microsoft Formsには「集計の容易さ」と「汎用性」においてメリットがあります。メールを利用する際には、通常、日頃から使用しているアドレスを利用するか、専用のアドレスを取得することが考えられます。いずれの場合も、情報がひとつのアドレスに集約されることで、保護者からの連絡メールが見落とされる可能性があります。しかし、Microsoft Formsではひとつのアンケートに対してひとつのExcelに集計されるため、他の情報に埋もれて見落とされるケースを防ぐことができます。また、アンケートは個別に複数作成できるため、異なる場面や状況に合わせて設計し、情報を分類することができます。実際に、テトルの導入に合わせて、「就学援助制度用」「特別支援教育就学奨励費用」「給食費用」「教材費用」「新入学生用」などのテーマに沿ったアンケートを適宜作成し、説明会や周知の際に「お気軽にご連絡ください」とのひとことを添えて案内をしています。その結果、電話連絡が減少し、Microsoft Formsを通じた質問が増加したことから、保護者との双方向コミュニケーションのチャネル構築がうまく普及していると感じます。ほかにもMicrosoft Formsを保護者アンケートに導入したところ、半数以上の世帯からMicrosoft Formsによる回答がありました。教育ICT機器の導入は、保護者が学校に対して意見を述べやすい環境をつくる上で大きな役割を果たしています。

● **実践例3：多文化コミュニケーション（Google翻訳[9]の活用）**
出入国在留管理局が発表した「令和5年6月末の在留外国人数について」

8　アンケートへアクセスするためのURLとQRコードは自動生成。回答結果は同じマイクロソフト社のExcelに集計。
9　100以上の言語に対応しており、テキストだけでなく、画像やテキスト、ウェブページの翻訳できるGoogleの無料サービスツール。

によると2023（令和5）年6月末の在留外国人は322万3,858人（前年末比14万8,645人、4.8％増加）[10]となっており、過去最高を更新しました。

　教育ICT機器が導入される以前、外国にルーツをもつ子どもたちやその家庭に対して連絡を取る手段は限られていました。保護者のなかには、日本語を話すことができるが、読むことは困難な場合や、家庭内では母国語のみを使用しているなど、さまざまな状況があります。そのような状況で、子どもや保護者とのコミュニケーションをとる必要がありましたが、ふたつの課題がありました。1つ目は、第二言語の選択肢が「英語」に限定されていること。もうひとつは、事務職員の英語の習熟度には個人差が大きいということです。

　かつて、外国にルーツをもつ子どもが母国に帰国するための手続きを進めた経験があります。学校から、転出手続きの案内や学籍の抹消に関する通知など、事務手続きに関する連絡を行う必要がありましたが、保護者が日本語を理解するのが難しかったため、通知文の翻訳が必要でした。子どもの母国はアジア圏であったものの、わたしが子どもの母国語を使用できなかったため、通知文を保護者も理解できる英語に翻訳して伝えるしか手段がありませんでした。当時、いっしょに勤務していたJTE[11]やALTの協力を得て、翻訳作業を行い、保護者へ通知しました。保護者には、転出手続きの意図は理解していただけましたが、母国語とは異なる英文であったこと、そして、わたしの英語の習熟度が低かったため、通知文だけでは専門的な内容を正しく伝えることができませんでした。そのため、質問のために何度も学校に足を運んでいただく必要が生じてしまいました。

　当時のケースでは、事務職員であるわたしが英語の習得レベルを向上させることで、改善できた事例かもしれません。しかし、それだけでは外国にルーツをもつ家庭に対して正しく情報が伝えられるとは限りません。「2023年時点では、世界の英語話者数は約15億人」[12]となっており、これは世界人口の約19％程度です。また2023（令和5）年6月末における在留外国人を国籍別で見ると上位10カ国中8カ国がアジア圏であり、英語だけを手

10　出入国在留管理庁「令和5年6月末現在における在留外国人数について」(https://www.moj.go.jp/isa/publications/press/13_00036.html)（最終閲覧日2024.2.29）。

11　JTE (Japanese Teacher of English)。英語を教える日本人教師。

段としたコミュニケーションをとることはとても困難であることがわかります。そのため、教育ICT機器の導入が進んだ現在では、Google翻訳を活用して、外国にルーツをもつ子どもや家庭とコミュニケーションをとっています。

　Google翻訳は、多言語に対応し、かつ事務職員の言語習熟度に依存しません。そのため、前述のふたつの課題を解決する上でもっとも効果的な手段のひとつとなります。実際に、現在は、子どもとその両親がスリランカ国籍の家庭に対して、Google翻訳を利用したコミュニケーションを行っています。父親は日本語の読み書きが可能です。また、子どもも日本語での会話ができるため、通常の学級での授業に参加しています。そのため、入学当初は日本語のみを使用してコミュニケーションを図っていました。はじめのころは返事があったものの、徐々に連絡が途絶えました。担任に確認したところ、学級だよりも読んでいない様子だったそうです。そこで、Google翻訳を使い文書を作成したところ、担任に対し「翻訳されていてびっくり、ちゃんと読めます」と連絡があったそうです。また行事で来校した際に「翻訳してくれてありがとう、大変だったでしょう」と直接お礼の言葉をいただきました。やはり日本語よりも慣れ親しんだ母国語で書かれた文章のほうが、より理解しやすいようです。

　言語の壁を乗り越え、情報を正確に伝えることができるようになりました。就学援助申請の案内では、シンハラ語（スリランカの公用語）で記入例を作成することで、スムーズに申請につなげることができました。また、保護者アンケートをシンハラ語に翻訳することで、保護者として学校に対する意見を伝える機会を確保することができました。

●教育ICTが活躍するなかで大切にしたい事務職員の専門性

　わたしが実践してきた教育ICT機器の活用方法は、高度で複雑なものはひとつもなく、だれにでも扱える非常にシンプルなものです。教育ICT機器が学校に導入されたとしても、算盤から電卓、ガラパゴス携帯からスマートフォンのように使う道具が便利になっただけで、事務職員の専門性の

12　Statista「2023年 世界で最も話者数が多い言語（単位：話者数100万人）」(https://jp.statista. com/statistics/1357268/the-most-spoken-languages-worldwide)（最終閲覧日2024.2.29）。

本質は変わりません。教育ICT機器の専門性を追求していくことで、子ど
もたちや保護者が放置されてしまうことは避けるべきです。

　いっぽうで、これまでの実践を通じて教育ICTだけではすべての課題を
解決できた事例はありません。たとえば、就学援助事務において、テトル
による周知は非常に効果的でした。しかし、本当に支援を必要としている
家庭を見落としてしまっては、テトルによる周知の効果は限定的となって
しまいます。事務職員は、常日頃から担任や教育相談担当と情報交換を行
い、申請の有無や否認定を受けた家庭にかかわらず、必要な支援を必要な
タイミングで行えるように、常にアンテナを張り続ける必要があります。

　また、Google翻訳機能の高い精度から、教育ICT機器だけで外国にルー
ツをもつ子どもたちやその家庭とのコミュニケーションが容易にできると
感じてしまうことがあります。しかし、言語のニュアンスや文化的な考え
かたの違いを考慮しなければ、情報の意図は正しく伝わりません。保護者
アンケートをシンハラ語に翻訳していた際、「不十分である」と「やや不
十分である」が同じ言葉「足りない」として翻訳されることがわかりまし
た。日本語特有の曖昧な表現は、シンハラ語を母国語とする家庭では理解
が難しいかもしれません。各家庭の事情を考慮して、適切な支援を行うに
は事務職員の専門知識が不可欠です。今回の場合、「不十分である」と「や
や不十分である」といった表現をさけ、「レベル4を良い、レベル1を悪い
として、4段階で評価してください」と表現することで、スムーズな回答
を得ることができました。

　今後、教育ICTの発展やAIの台頭により、新しい技術が次々と学校に導
入されてくることが予想されます。しかし、過度に恐れる必要はないと考
えます。事務職員が子どもたちと家庭に向き合い続け、自身の専門性を高
めていく限り、教育ICTはよきパートナーになってくれると思います。

（上間　啓史）

2 教育ICTのためのリソース活用
──ICTツール活用推進の実践を通して

●「総務・財務」領域の実践が教育活動の支援につながる

　わたしは、以前勤めていた茨城県牛久市立牛久第二小学校で、牛久市教育委員会指定「ICT機器の活用」に関する授業研修会の準備を、授業者の先生といっしょに進めたことがあります。その当時はまだ、GIGAスクール構想が始まる前でしたので、学校のICT環境は乏しく、公費で整備された教育用のパソコンは、パソコン教室にデスクトップ型のものが40台あるだけで、そのほかには、教育関係団体の助成金を活用して購入した、簡易的なタブレット（インターネットに接続できない）が8台あるのみでした。また、移動型の大型提示装置も台数が少なく、授業者が同じ時間帯に使用したいときには、不都合が生じてしまう状況がありました。

　牛久市では、パソコンなどの高額なICT機器は、市で一括契約し、入れ替えを行っていますので、学校に配当された予算で整備することはできません。そのため、学校独自の計画でICT機器の整備を行いたいときには、教育関係団体などの助成金を申請し、購入することを検討します。

　授業研修会で提案授業を行う先生が、授業をよりよいものにできるよう、教育関係団体の助成金申請の提案を行いました。申し込む予定の、教育関係財団の助成金の上限は10万円であるので、限られた予算のなかで、より教育効果の高い機器を選定する必要がありました。そのためまず、提案授業を行う先生に、どのような授業を行いたいのかヒアリングを行いました。

　ヒアリングの結果、教科は「体育」、単元は「器械運動（跳び箱運動）」であり、追いかけ再生アプリを利用して、児童が自身の演技をすぐに確認するのに使用したいとのことでした。もう少し性能のよいタブレット型PCが必要であるとの意見がありましたので、持ち運びしやすく、必要な性能を備えた2in1のタブレット型PCの購入を計画することにしました。具体的な機器については、牛久市教育委員会の情報教育指導員からアドバイスを受けて選定し、助成の申込みを行いました。

　助成決定の通知を受け、購入を進めるのと同時に、タブレット型PCの活用効果を最大限引き出すための周辺機器の整備と、市情報政策課へのタ

ブレット型PCのインターネットを含めた、ネットワーク接続許可を得るための手続きを速やかに行いました。ネットワークの設定については、セキュリティの都合上、自身で行うことができなかったため、市教委の情報教育指導員に協力を得て設定を行いました。また、多くの先生がタブレット型PCを活用できるよう、使用方法の校内研修も実施しました。

　「ICT機器の活用」に関する授業研修会の取組は、助成金申請の提案から活用のための研修会、今後の予算要望資料作成のための、児童用授業アンケートの作成に至るまで、多くの時間を費やしました。しかし、実際にICT機器活用の研修授業を参観し、自身が整備に携わったタブレット型PCが授業で活用されている姿や、授業アンケートに記述された児童の学びの声を確認することができ、「取り組んでよかった」と、率直に充実感を得ることができました。そして、「総務・財務」の領域で行っていたと思っていたICT機器整備に関する実践が、結果として「教育活動の支援」につながっているということに気がつきました。

● ICTツール活用実践（校内での実践）～アンケート業務の改善～

　前述した通り、そういった実践の成功体験から、より教育活動につながる実践ができないか？　という思いが芽生えてきました。そこでわたしは、かねてより活用していたウェブアンケートを、学校評価アンケート[1]や生徒指導に関するアンケートに活用することを企画しました。

　牛久第二小学校では、子どもたちがよりよい教育を享受できるよう、その教育活動などの成果を検証し、学校運営の改善と発展をめざすための取組として、保護者・児童対象の学校評価アンケートをそれぞれ年2回行っていました。学校評価アンケートは、各担任が自分のクラス分のアンケート用紙を手作業で集計しており、教頭・教務主任が結果の取りまとめを行い、教育委員会へ報告をしていました。アンケート集計にかかる事務作業は、分析時間も含め、組織として大きな業務負担となっていました。

　その課題を改善するために、茨城県教育委員会で運用している、教育情報ネットワーク（Google Workspace for Education[2]）のGoogleフォーム

1　学校の自己評価を行うためのアンケート。

の機能を使い、ウェブによるアンケート調査方式を取り入れることにしました。茨城県教育委員会の教育情報ネットワークは、Googleのグループウェアシステムを基盤としたシステムです。市町村立学校を含めた県内の教職員であれば、公的なアカウント（公的なドメイン）でGoogleのアプリを利用することができます。

　ウェブアンケートを実施した初年度のウェブ回答率[3]は約4割でしたが、PTA運営委員会や保護者向け学校財務だよりなどで、ウェブ回答協力のお願いを続けた成果もあり、翌年度には約7割の保護者の方に、学校評価アンケートをウェブで実施してもらうことができました。また、学校評価アンケート全体の回答率も90%以上に向上しました。

● ICTツール活用実践（校内での実践）～生徒指導アンケートもウェブ化～

　牛久市では、集団及び個の実態を客観的に把握し、いじめや不登校を予防する学級経営改善方法を探るために「学級の雰囲気と自己肯定感を把握する質問紙」（C&S質問紙）を活用し、学校生活アンケート調査（年2回）を、児童対象に行っていました。

　前述したように、保護者向け学校評価アンケートにて一定の成果を残すことができたので、児童向けの生徒指導アンケートについても、小学4年生以上を対象に、同システムを活用して、アンケート調査方法の改善実践を行いました。公的なアカウントを利用していましたが、当時はまだ一時的でもクラウドに個人情報を保存することに不安がありましたので、アンケートを回答する児童一人ひとりに、個人ID[4]を付与し、児童がそのIDを使ってアンケートを回答する仕様にしました。個人名をインターネット上で暗号化するので、万が一アンケート結果が漏洩しても、個人名を特定されることはありません。インターネット上に100%の安全は存在しないと

2　Googleの教育機関を対象として提供されているクラウドベースのグループウェア。実践当時の2016（平成28）年は「Google Apps」という名称。

3　当時は、スマートフォンでのQRコードの読み込み方法がわからないなど、インターネット接続に不慣れな家庭も多くあったため、「紙」による手書きのアンケートも併用していた

4　個人IDは、4桁の数字としたが、万が一情報が漏洩したときに、安易に学年・クラス・出席番号が推測されないよう、ランダムに割り振って管理した（例：4年1組23番→4123ではなく、無関係の4桁の数字を割り当てた）。

考えますが、工夫をすることで、リスクを受容可能なレベルまでに抑えた状態にすることは可能です。

　また、インターネットを使い、パソコンでアンケートを回答をすることで、児童の回答結果に与える影響についても、職員会議で慎重に議論を行いました。自身の内面的な心情をパソコンで回答することで、大切なアンケートがゲーム感覚になってしまわないかなど、心配される意見がありましたので、各担任がウェブアンケートを実施する前に、かならずアンケートの趣旨を明確に説明することを実施要件としました。

　当時は、学校のICT環境が乏しかったこともあり、授業などでパソコンを使用する機会が少なく、子どもたちも担任も、パソコン操作に不慣れでした。操作マニュアルを作成したほか、担任が児童へのアンケート説明に集中できるよう、わたし自身もパソコン室に出向き、アンケートシステムの操作支援を行いました。

　ウェブで回答は集計も即座に行うことができるので、作業時間を大幅に縮減できました。目にみえた時間対効果を表すことで、学校運営改善への展望を見出せる、貴重なデータを収集することができました。また、「市内の学校にこの実践を広く普及させたい」という思いから、本実践の報告書を作成し、牛久市学校事務共同実施協議会で活用の提案をしました。

●ICTツール活用推進（ICT活用研修会の開催）
　〜ICTの活用を持続可能な取組とするために〜

　ウェブアンケートの業務改善効果を、牛久市学校事務共同実施協議会を通じて、市内の学校に広く周知することはできましたが、多くの学校ですぐに活用されるまでには至りませんでした。アンケート調査方法の改善を校内で実践していくなかで、教員と対話を行ったとき、「なぜ業務を効率化するためにいままでウェブアンケートを利用する手立てが提案されなかったのか」を話しあったところ、「そういったシステムが存在することを知ってはいるが、業務が多忙でそれらを詳しく調べたり覚えたりする時間がない」との意見がありました。教員の長時間労働による能力開発の機会（業務改善の術を学ぶ機会）喪失という弊害です。教員の長時間労働が解消されていない実態は、市内のほかの学校でも同じ状況であるといえます。

そこで、市内の多くの学校でアンケート集計業務を見直すことができるよう、市内教職員を対象に、ウェブアンケート作成研修会を実施することにしました【資料4-2-1】。研修会参加者に、Googleフォームで作成したアンケートに回答してもらい、即座にその結果を目にしてもらうことや、実際にウェブアンケートを作成してもらうことで、教職員のICT活用能力を向上させることができるのではないかと考えました。ICTの利用を体験することにより、その得られる効果を体感することができます。

　牛久市の公立小学校には、2018（平成30）年度に、各学校40〜80台の児童用2in1のタブレット型PCが整備され、タブレット学習を支援するための学習活動ソフトウェアも導入されました。大型モニターも各クラスに1台ずつ配置され、各学校に1台ずつでしたが、電子黒板も配置されました。児童の教育用に整備されたICT環境ですが、教職員のICT活用能力を向上させる研修を行う上でも、じゅうぶんに活用することができます。

　研修会では、そういったICT環境を活用し、操作説明と研修受講者がパソコンを操作することを交互に行い、研修を進めました。研修受講者は、説明を受けたことをその場で確認しながら操作できるので、より理解を深めやすい研修を実施することができました。また、学校事務共同実施のグループ員4名が、説明者とは別に操作サポートを行ったため、スムーズに研修を進めることもできました。

　ICTの活用を推進できる職員が学校に1人か2人しかいない状況では、その職員が異動してしまった後、せっかく進めてきたICT活用策が消滅してしまう可能性が高くなります。ICTの活用を進められる職員を育成することや、時間対効果につながる業務改善策を、市全体として持続可能な取組としていくためには、学校事務共同実施など学校現場の実情を詳しく理解している組織が、研修を企画・運営していく必要があります。また、ICT活用を進める担当者を決められた職員に限定にしてしまわないように、さまざまな職種・職層が研修に参加し、学校だけでなく市全体の組織として協働を深めていく必要もあります。

　研修会には、管理職を含め多くの教職員に参加してもらうことができました。研修会の参加者からは、「便利さを実感した」「さっそく今年度の学校評価アンケートから実践したい」など、好意的な意見をたくさんいただ

くことができました【資料4-2-2】。

　また、Googleフォームの詳しい機能などについても、「さらに研修を受けたい」という意見がありましたので、実施した研修の内容をフォローアップするために、さらなる研修を個別に実施しました。その結果、市内多くの学校でウェブアンケートの活用が始まりました。研修で培うことができるスキルにより、いままで集計の時間がとれずに実施を見送っていた保護者アンケートや、子どもの変容を把握するためのアンケートの質や回数などを充実させることができます。そして、牛久市全体として活用が始まったことで、ウェブアンケートの活用は、持続可能なICT活用の取組へと変容を遂げることができました。

● さらなるICTツールの活用推進
〜GIGAスクール構想におけるICTリソースの活用〜

　わたしは、新型コロナウィルスが猛威を振るい始め、臨時休校などの措置で学校が混乱している最中の、2020（令和2）年4月に、新設校であるひたち野うしく中学校に異動となりました。せっかくの新しい学校でありながら、感染予防のため子どもたちの登校や学習活動が制限されるなど、通常の授業ができない状況にありました。

　そんななか、牛久市では、2020（令和2）年11月より、GIGAスクール構想における1人1台の学習者用タブレット型PCが整備されることになり、新しい施設・設備が整備された学校でICTツールの活用をさらに進められる環境が整いました。

　牛久市では、Windowsの学習用タブレット型PCが採用されましたので、Microsoft365のアプリなどについて情報を収集し、教育委員会主催のGIGAタブレットのスタートプログラム研修会などにも参加しました。当時わたしは、校務分掌上でICT教育を担当しておりましたので、いち早く職員に情報を共有できるよう、校内研修を企画し、コミュニケーションアプリであるTeamsの操作方法などについて伝達しました。

　学校は、緊急事態宣言が出されるたびに、Teamsによるオンライン授業が行われました。各チームのメンバーは、通常、クラス単位や教科単位などで作成されており、そのため、Teamsを介して全校生徒に連絡をす

る際には、学年主任などを通して、生徒へ連絡をする必要がありました。たとえすべてのチームに先生が所属していても、すべての生徒に連絡をする場合には、複数のチームに同じ内容を送らなければなりません。そこで、そういった煩わしさを解消するために、全校生徒に連絡事項を一斉に送信することができる、全校生徒と全職員が参加したチームを作成しました。

　作成した当初は、先生から生徒への一方的な連絡が多かったのですが、活用が広がるにつれて、生徒が主体的に行うウェブアンケートを掲載したり、メッセージの投稿を通じ、学年をまたいだ生徒間のコミュニケーションの充実が図れるなど、さまざまな教育効果を得ることができました。また、生徒が直接先生に話しにくいことを相談する、オンライン相談窓口【資料4-2-3】を設置したりと、生徒指導の面でも活用を広げることができました。主体的・対話的な学びの場を提供できるコミュニケーションツールは、生徒の「協働する力」や「意見を発信する力」の育成など、さまざまな教育効果も得ることができます。情報発信者が、直接全校生徒・全職員に情報を共有することができることは、教育活動を行う上での時間対効果を向上させることにもつながります。わたし自身も、生徒向けの学校財務だよりを掲載したり、タブレットの修理受付フォームやトラブルQ&Aを掲載するなど、便利に活用しています【資料4-2-4】。このように、「新しい資源を積極的に活用する」といった視点は、事務職員が専門性を発揮して教育活動を支援する上でも重要な視点です。

● 「リソースマネジャー」として多様な教育資源を結び付け活用する

　事務職員が「リソースマネジャー」として活躍するには、総務、財務、施設管理、管財など学校運営事務に関するテクニカルな知識に加え、勤務校の教育および学校運営を理解するための学校、子ども、学習などに関する「教育的素養」、さらにそれらの知識を活用して成果を生み出す複合的な知識・スキルが求められます（藤原2020）。

　デジタル教科書やデジタルドリルなどの教育資源は、ICTの技術によって活用ができるものであり、子どもたちの「主体的・対話的で深い学び」につながります。また、ICTによるコミュニケーションツールなどは、教員と子どものつながりを深める効果があるほか、子ども同士のつながりも深

めることができるようになります。それらの、ICTによる教育効果を最大限に引き出すには、事務職員の情報収集力と分析能力が重要となり、さまざまなICTに関する教育資源を結びつけて活用を検討する必要があります。

　たとえば、GIGAスクール構想において整備された大型提示装置は校内に何台あるのか？　無線LANのアクセスポイントはどこにあるのか？　子どもが使用しているタブレットの保守契約は？　使用できる教育アプリは？　などさまざまな視点から情報を収集・整理し、人的資源も含め、それらを活用するためのリソースを結びつけ、教育活動を支援することが、教育ICTにおける事務職員の専門性のひとつです。

　そして、生成AI時代となった現在、事務職員が教育活動を支援していく上では、その活用を推進すべきであります。文部科学省においても、「生成AIパイロット校」[5]を指定し、その成果や課題を検証しているところです。生成AIは大量のデータ処理と情報提供の能力をもちますので、事務職員がより専門性を生かして教育活動支援を実施するためのリソースとなり得ます。もちろん、生成AIはあくまでもツールですので、その活用には適切な使用と理解も必要です。プライバシーの保護や、著作権侵害、情報の信頼性などに注意する必要があります。また、生成AIを効果的に使いこなすためのプロンプト（命令文）についても、学ぶ必要があるでしょう。

　もし、「教育活動におけるICTの活用支援をどう進めたらいいかわからない」と思っている方がいらっしゃるのであれば、まずは「総務・財務」の視点で実践を進められるのがよいと思います。わたし自身がそうであったように、「総務・財務」における実践から、教育活動支援を見出す視点を見つけることができます。事務務職員がICTの専門性を見出すには、ICTの活用を待ち受けるのではなく、ICTを進んで活用することが重要です。「客体的に学校の教育活動を支援する」と考えるのではなく、「主体的に教育活動を支援する」といった視点で、みなさんも実践を進めてみてはいかがでしょうか。

（大塚　正則）

5　GIGAスクール構想における、ソフトウェアとクラウド環境を活用し、児童生徒の情報活用能力の向上を図りつつ、個別最適な学びと協働的な学びの一体的な充実や校務DXを行う事業である「リーディングDXスクール事業」の一環として、生成AIの教育利用と校務利用における知見を蓄積することを目的とし、実証事業を行う学校。

学校評価・児童生徒アンケートなど
集計業務がお困りではないですか？

8／27（火）
13：30～16：30
牛久第二小学校　パソコン室

校務を効率化するための

教育情報ネットワーク活用研修会

目的
1. 茨城県教育委員会の教育情報ネットワークシステムを活用し，校務の手段を見直すため
2. 牛久市全体として活用を推進し，経験・知識を持ち得た職員を育成することで持続可能な取組にしていくため

日時　令和元年8月27日（火）13：30～16：30

会場　牛久市立牛久第二小学校　パソコン室

対象者　牛久市教職員・教育委員会職員等

申込　右記QRコードか，URLよりお申込みください。URLは，6／25配信，学校LIVEメールにも記載してあります。

URL:https://forms.gle/T15fSKi3o3Ak3ekh6

7／12（金）までに申込みください。

内容等　教育情報ネットワークにおけるGoogleフォーム（WEBアンケートシステム）の操作方法を中心に行います。実際にタブレットPCを使い，教育情報ネットワークにログインをして，WEBアンケートを作成する研修を行います。教育情報ネットワークの個人アカウントID・パスワードをお持ちください。当日は，共同実施運営支援Gが操作をサポートいたします！お気軽にご参加ください。※その他，時間に応じてGoogleスプレットシート・Googleカレンダーの操作方法等の研修も予定しております。

主催　　牛久市学校事務共同実施
運営支援グループ

資料4-2-2　ICT活用研修会報告

牛久市学校事務共同実施

事務だより
～学校の「時間対効果」を見直すために～

運営支援グループ
発行日　R1.9.20

教育情報
ネットワーク

先月8月27日に，牛久第二小学校にて，教育情報ネットワーク活用研修会を開催いたしました。市内すべての小中学校より，校長先生・教頭先生をはじめ，多くの教職員の皆様にご参加いただきました。今回の研修内容は，実際にタブレットＰＣを操作し，GoogleフォームによるWebアンケート等を作成する実践でした。学校評価アンケートや，児童生徒アンケートなど，実際に活用する場面を想定し，より実務的な研修を行うことができました。

学校評価アンケート第1回

学校は，教育方針を理解している。*

○ 大変そう思う
○ そう思う
○ 思わない
○ まったく思わない
○ わからない

学校の今年度の重点目標を理解している。*
○ 大変そう思う

Googleフォームで作成した，学校評価アンケート画面

アンケート業務改善により期待できる効果

- より正確に実態を把握できる（記入ミスがなくなる）
- アンケート集計時間の効率化（組織として）

★各学校の担任数×1時間×アンケート実施回数の業務時間削減

３．今回の研修内容を自身の学校で活用してみようと思いますか？　※参加者アンケート結果

- はい
- いいえ
- どちらともいえない

Googleフォームでグラフも自動作成

情報セキュリティクイズにチャレンジ！

　教育情報ネットワーク活用研修会に参加された皆様に，情報セキュリティクイズにチャレンジしていただきました。研修会では，Googleフォームで作成したアンケートのURLを下記のようなQRコードに変換し，自身のスマホから読み込み，回答する実践も行いました。ちなみに，研修会に参加された方の平均点は51.3点でした。

こちらのクイズも，Googleフォームで作成しました。スマホでアクセスし，チャレンジしてみてください！⇒
※内容は，株式会社ＪＭＣ提供

学校の「時間対効果」の見直しを応援します！

　共同実施運営支援Gでは，さらなる学校の働き方改革を推進するために，今後，様々な形で研修を企画していきたいと考えています。Googleフォームの操作研修を含め，「教育情報ネットワークの活用をもっと学校で進めたい」とお考えの学校がありましたら，お気軽にお問い合わせください。校内研修などで，お役に立つことができればと思います。もちろん，少人数での研修にも対応させていただきますので，ご検討ください。

問い合わせ先　　学校事務共同実施運営支援G
牛久第二小学校　大塚　正則

資料4-2-3　オンライン相談窓口

☆全校生徒が参加するチームに、オンライン相談の受付フォームを掲載

　相談があると、教職員が参加するチームに自動で通知される

　設定はPower Automate（RPA）を使用

資料4-2-4　Teamsの活用

☆ひたち野うしく中学校全校生徒及び全教職員が参加するチーム

新入生の登録は、Power Automate（RPA）で一括自動登録

3 「1人1台端末」を活用する組織風土の醸成

　本節は、2023（令和5）年度まで勤務していた福島県郡山市立富田東小学校（以下、富田東小）における実践をまとめたものです。勤務当時、富田東小は福島県下一の児童数を有する小学校であり、1人1台端末（以下、端末）は教職員を含め1,000台を超える端末を管理する必要がありました。

　郡山市教育委員会（以下、市教委）の方針は、各校の情報主任を中心に運用管理体制の構築を行い、そのフォローを管理職が行っていくというものでしたが、富田東小では子どもへの端末配当が後手に回っていました。これは一概に情報主任の責任とはいえませんが、実際には管理職のフォロー不足や、学校全体としての意識が低かったことなどのさまざまな要因が関係し、結果として組織力の弱さが要因だったと考えられます。

　そのような状況において、市教委担当者と管理職からの相談を受け、わたしが富田東小の運用管理体制の構築を担うこととなりました。

　端末を活用できる組織づくりや、教職員のスキルアップを図る取組など、事務職員としてどのようにリーダーシップを発揮し、大規模校において端末を活用できる仕組みを構築したのかを整理していきます。

● **端末管理を可能にする仕組み**

　郡山市の端末はiPadを導入しており、通信回線は「Wi-Fi型」と「LTE型」の2種類の端末が学校の実態に応じて整備されています。インターネット回線を契約していない家庭へは「LTE型」端末を子どもへ配当することにより、持ち帰りにおける通信環境の弊害を取り除くことができます。

　そのため、家庭の通信環境を考慮した上で子どもへ端末を配当するためには、情報を正確に管理し実態に応じた端末配当を行う必要がありました。

《データベースの構築》

　家庭へ通信環境の調査を実施し、その結果を用いて表計算ソフトを駆使しデータベース（以下、D.B.）の構築を行いました。D.B.の主な情報は次の項目を入力することで、学級数が38学級（通常学級31、特別支援学級7）の情報を効率よく管理することが可能です。また、クラスごとの情報はクラウド型授業支援アプリを活用することで、校内の教職員のみが端末を用

いて確認できる体制としました。

　【端末番号】管理する上でもっとも必要な情報について

　【クラス】自動的にクラスへ割り振るための学年・組について

　【出席番号】クラスごとの子どもの管理について

　【氏名】端末を配当している子どもや教職員について

　【通信回線】端末の通信回線「Wi-Fi型」又は「LTE型」について

　【充電器】家庭にApple製の充電器がない場合における配当について

　【アプリ】子どもの端末へ個別にインストールが必要なアプリについて

　【保管庫】学校備えつけの保管庫（充電庫）設置場所について

　【キーボード】クラス備えつけの外づけキーボードについて

　【修理状況】端末の不具合などの対応について

　【転出・転入】子どもの転出・転入にかかわる端末について

《マニュアル整備》

　端末の運用管理者が人事異動などにより変わったとしても、継続できる体制を構築するため、見える化を図る必要があります。

　そのため、次のようなマニュアルを策定しました。

　【組織体制】本校のICT推進組織について

　【主な役割】情報教育推進委員会の役割について

　【端末管理体制】端末及び関係機器について

　【D.B.】使いかた及び注意点について

　【転出・転入管理】転出・転入の子どもの端末処理について

　【年度末管理】卒業・転出の子ども及び転出教職員の端末処理について

　【年度始管理】入学・転入の子ども及び転入教職員の端末処理について

　【その他】端末にかかわる詳細情報について

● クラウド型授業支援アプリの活用

　全国の約10,000校に導入されている授業支援ツール「ロイロノート・スクール（以下、ロイロノート）」が自治体として導入されており、授業に活用するためのアプリとして端末に整備されています。新しい学びのひとつとして、このロイロノートを活用して授業を行うためには、教員のスキルアップが必須条件となります。

しかし、端末自体にほぼ触れていなかった教員も多く、実際にはどう活用したらよいのかがわからない状況でした。富田東小は幅広い年齢層の教員で構成されており、ICTスキルには個人差もあるため、そのスキルの段階やさまざまな年齢層から苦手意識を抱かれないように基盤を固めていく必要がありました。富田東小の場合は、研修会としてそのスキルを学ぶ場を設定すると、かえってICTに対しての抵抗感を強めてしまう恐れがありました。

　そのため、研修会として時間を設けない方法で、日常的に端末へ触れる習慣を身につけるきっかけをつくる必要があったのです。たんにロイロノートを授業支援ツールとして活用するのではなく、校務支援ツールとしても活用することにより、学校全体で端末に触れる回数を設けることが可能になると考えました。その方法は、従来からある校内の会議における時間を有効に活用することです。事務職員が自ら提案する案件を、ロイロノートを活用して行うことで導入をスムーズにし、教員が一斉に端末を操作してロイロノートを使用する状況をつくり出しました。全員が端末に触れる機会を増やす取組を積み重ねることと、焦らずにできることをひとつずつ増やしていくことが重要であり、その一連の動作を習慣化することで必然的にスキルアップへつながると考えました。

● ロイロノートを活用した予算委員会

　事務職員が運営する予算委員会では、構成員である管理職（校長・副校長、教頭）、主幹教諭、教務主任、複数配置事務職員の計6名を対象に、端末を活用した会議運営スタイルの実演をしました。

　ロイロノートの機能を用いた斬新な会議運営が可能になり、実際に使用しながら参加することでスキルアップ及び校務運営にも活用できることを体験してもらうためです。すべての案件がロイロノート上でスマートに進めることができるため、端末を活用したペーパーレス化の会議運営イメージの共有を図ることができます。紙媒体の場合はモノクロで資料を配付することが多いなか、電子媒体の場合はカラーで鮮明な資料を費用と時間をかけずに共有することが容易になります。ICTに苦手意識を抱いている管理職の場合、実際に使用しそのよさをリアルに体験する機会を設けること

が重要だと考えます。そして、事前に管理職がこの体験をしておくことで、後の職員会議における会議運営スタイルを転換させるきっかけづくりも狙いにありました。

● **ロイロノートを活用した職員会議**

　教員が一堂に会する職員会議では、事務職員自身の提案案件を端末片手にロイロノートを用いて説明することにより、全体への新たな会議運営スタイルの実演をしました。

　当初は事務職員の案件のみを端末で行っていたため、ロイロノートのどこを開き、なにを使うのかといった初歩的なところからのスタートでした。若年層から中年層まで幅広い世代の教員が在籍している学校の土台を構築するためには、全員が集まる場で足並みをそろえつつ実践を積み重ね、スモールステップで展開していくことをもっとも重要視しました。

　事務領域からロイロノートを活用した実践を積み重ねることで、全員が端末に触れる機会を増やし着実にできることを増やしていきました。その結果、職員会議自体の運営を「アナログ」→「デジタル」へ切り替える土台の構築ができ、ロイロノートによる運営が実現できました。

　また、運営スタイルを従来の紙媒体（アナログ）から電子媒体（デジタル）へ切り替えるにあたっては、教員と連携を図りフォローアップを欠かさず行うことが重要になってきます。管理職の運営する側としての不安感や、教員の提案する側の抵抗感を取り除くことで、実際に端末を活用した成功体験を増やし、ICTに対する苦手克服のきっかけをつくれる環境が大切です。教員からは「いつでもフォローしてくれる安心感があった」「提案のやりかたもひとつずつ丁寧に説明してくれたので焦らずにできた」という声も多く、環境づくりの重要性がわかります。

　当初はロイロノートの「資料箱」や「授業」に入ることさえも時間を費やしてしまう教員が多くいましたが、徐々にロイロノートを活用した校務改善や授業実践などを行うひとも増えてきました。

《職員会議におけるクラウドを活用した段階的な実践内容》
　　①　資料共有方法として、ロイロノート「資料箱」の使いかたを実践する。
　　②　会議運営方法として、ロイロノート「授業」の使いかたを実践する。

③　端末の画面を共有し一斉画面配信方法として、ロイロノート「授業」
　　と「画面配信」を組み合わせた説明方法を実践する。

④　意見集約方法として、ロイロノート「Webカード」とGoogleフォ
　　ームを組み合わせたアンケート集約を実践する。

⑤　双方向のやりとりとして、ロイロノート「授業」と「資料箱」と
　　「提出箱」を組み合わせ、提出物の処理方法を実践する。

●ロイロノートを活用した初任者教員研修

　初任者教員（以下、初任者）を対象に学校財務領域の研修を実施する際
は、ウェブ会議ツール「Zoom」とロイロノートを組み合わせて行うこと
で、実際に教員が遠隔教育をするイメージをつくりました。

　学ぶ環境と指導者のスキルが備わってさえいれば、オンラインでもオフ
ラインでも同等の学びができることはここ数年で証明されました。本来で
あれば、子どもたちが学校に来られない状況になる前にその準備をしてお
くべきですが、学校現場では目の前の対応に日々時間が奪われてしまい、
事前に備えておくことがなかなか難しい状況です。

　しかし、そのような状況のなかでも、初任者は実際に大学などでオンラ
イン学習を体験したひとも多くいるため、その手法に関する知識を柔軟に
吸収できる可能性が高いと考えられます。また、ICTスキルを身につける
ことで、経験年数に関係なく教員同士がアドバイスし合うことも可能とな
り、ともに学び合う関係を構築するきっかけをつくることもできます。

《初任者研修の実践内容》

①　インプット（理解を深める）

　　資料を共有し、学校財務に関する知識について学ぶ。

②　アウトプット（学校の実態を捉える）

　　シンキングツール[1]を用いて、私費を学校の実態と照らし合わせる。

③　まとめ

1　シンキングツール（思考ツール）は「自分の考えをつくり出す」ことを助けてくれるロイロ
　ノートの機能。考えるときのさまざまなパターンを図で示すことができるため、各ツールの
　特長と活動を組み合わせることでスムーズに自分の考えをつくり出すことが可能。例「比較
　する」「分類する」「関係付ける」など。

法的根拠及び教育現場の矛盾点を学び、学校組織としての課題を整理する。学校組織として教員個人として、今後どのように取り組んでいくのが望ましいのかを参加者同士で共有し、当事者意識の醸成を図る。

　この実践内容を基に「ロイロ認定ティーチャー[2]」として認定されています。授業案の解説動画がウェブにて公開されていますので、そちらを参照[3]してみてください。

● 協働による事務機能の向上

　学校は属人的な取組のまま進めてしまうことが多く、その取組を進めていたキーマンがいなくなってしまうと取組自体が組織として機能しなくなることがあります。学校組織として端末を活用していくためには、属人的な取組に頼りきってしまうと継続性は低くなり、次のキーマンが現れるのを待つしかない状況に陥ってしまう恐れがあります。

　そのため、たったひとりの属人的な取組から始まったとしても、その取組の継続性を高めるためにシステム化し、標準的な取組として全体へ普及させていく必要があります。

　富田東小の場合は、校内委員会組織「情報教育推進委員会（以下、委員会）」を機能させることで、その組織力強化を図りました。従来の委員会構成メンバーは、委員長と各学年より1名が情報教育推進委員（以下、委員）として組織されていましたが、端末の運用管理体制を構築する必要があったことからわたしも委員として携わることとなりました。いま振り返ってみると、大規模校の業務と併行しながら、委員として端末の運用管理主任を務めることは容易ではありませんでした。しかし、学校組織としての事務機能を高めることが自分の役割だと認識していたため、その役割を果たすべくモチベーションを高く維持することができました。

　運用管理体制を構築するためには「言語化」と「見える化」を重点に置

2　ロイロではICTを活用して生徒の思考力・判断力・表現力を育てる授業をデザインできる先生を「ロイロ認定ティーチャー」に認定。

3　ロイロ認定ティーチャー・プロファイル「泉田洋介」(https://scrapbox.io/jploilots/泉田洋介（郡山市立富田東小学校))。

きながら、属人的な取組を標準的な取組へ展開しました。大規模校であっても組織をうまく活用することにより、足並みをそろえたICTの推進を図ることが可能となります。

① 運用管理体制のシステム化

端末のD.B.構築及び運用管理のマニュアル化をすることで、学校組織として継続できる事務機能の強化を図り、担当者に左右されずに端末を運用できるしくみの構築につなげる。

② 組織を牽引できる人材の育成

委員会を活用し委員のスキルアップを図り、各学年をリードできる人材の育成へとつなげる。学校全体にかかわる指示は、委員を各学年とのハブとして機能させ、学年単位及び委員自身のスキルアップへとつなげる。

● 専門性の領域から展開

2024（令和5）年4月から赴任した須賀川市立義務教育学校稲田学園（以下、稲田学園）のある須賀川市では、残念ながらロイロノートの導入はしておらず、おもに活用するのは「Google Workspace for Education[4]」です。稲田学園でも端末を活用する土壌がなかったため、その土壌づくりに取り組んでいます。学校組織としての端末を活用する土壌がないのであれば、つくりだすことで認識を変えていくことは可能だと考えます。

たとえば、かんたんな導入事例として、端末とモニターを組み合わせたデジタルサイネージ[5]です。職員室などで情報共有したい内容を、ウェブ上で処理できるGoogleツール（ドキュメントやスプレッドシートなど）を活用することにより、それぞれの端末から複数人で処理することができます。稲田学園でもこの手法を使って、部活動の大会速報などの情報を職員室にあるモニターへ表示することで教職員の気づきが生まれました。実際には教頭へ手法を伝えてそのフォローをしただけなので、教頭自身のスキ

---

4 学校やホームスクールでのコラボレーション、指導の効率化、安全な学習環境の維持を目的にカスタマイズされたGoogleツールとサービス。
5 ディスプレイなどの電子的な表示機器を使い情報発信するメディア総称。
6 ロイロ認定ティーチャーに付与される個人アカウント。

ルアップも図りつつ、モニターを見た教職員は「これなら○○へも使えるよね」と言ったようにアイデアを膨らませるきっかけにもなります。

　事務職員の専門性としては「学校財務」領域からの展開です。稲田学園では、教員を対象にした「学校財務研修」を職員会議の時間を活用して年6回取り組んでいます。端末を活用し、Googleツールと認定ティーチャー専用ロイロアカウント[6]を組み合わせながら研修を行うことにより「Google Workspace for Education」の活用事例と授業支援アプリのロイロノートの学びも同時に展開することができます。端末を効果的に活用することで、学校財務としての研修を行いつつ、ICTスキルの向上も図ることができるのです。

　学校組織として端末を活用していくためには、自治体や学校によって実情や課題も異なりますが、それらをひとつひとつ乗り越えていくしかありません。学校で新たなことに取り組もうとしたとき、嫌な顔をするひとがいるかもしれませんが、めげずに行動し続けることが大切だと思います。その行動をしたからこそ、次のステップへ進むことができ、そこから新たな視点が生まれるのだと思います。

　スモールステップを大切に、着実な実践を積み重ねることで学校組織としてのICTスキルアップを図ることは可能だと断言できます。ときには、事務職員がイニシアチブを発揮し、学校全体を動かしICTを推進するきっかけをつくり、そうした営みのなかで教職員が互いに学び合う関係も構築されていくのだと思います。学校の組織風土をすぐに変えることは難しいですが、事務職員としての専門性を駆使し、組織のなかにおける重要なキーパーソンをめざしていきましょう。

（泉田　洋介）

資料4-3-1　1人1台端末運用管理マニュアル

一人一台端末運用管理マニュアル（郡山市立富田東小学校）

1　組織体制について

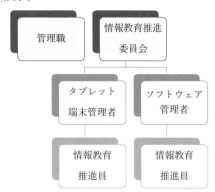

2　主な役割について

組織	役割	担当
管理職	本校の ICT 教育を推進するべく、指導・助言を行う。 （管理職の内1名は情報教育推進委員会に属する）	校長・副校長 教頭
情報教育推進委員会	本校の ICT 教育を推進する。	校務分掌
タブレット端末管理者	端末の管理を行う。 ・端末の紐づけ ・端末の不具合、修理 ・転出転入時の端末対応 ・年度末始の端末対応	◎ ○
ソフトウェア管理者	端末のソフトウェア管理を行う。 ・ソフトウェア、アプリの更新 ・ロイロノート ・スタディサプリ ・転出転入時のアカウント対応	◎ ○
情報教育推進員	ハブ的役割を担う。	校務分掌

1

一人一台端末運用管理マニュアル（富田東小）

3　タブレット端末管理体制について

「一人一台端末 D.B.」を用いて、本校の全ての情報管理を行う。

学級ごとの端末配当情報は、ロイロノートを参照する。

「資料箱」▷「学内（先生のみ）」▷「一人一台端末(iPad)」▷「2 端末配当情報【校内】」

（1）一人一台端末の紐づけ　【 sheet 名：端末 】

・　端末配当基準　　　　児童　＞　学級担任　＞　担任外

　（担任外のタブレット端末配当は、余剰端末にて対応する。）

（2）充電器について　【 sheet 名：充電器 】

・　家庭の充電器がない場合は、端末と同一番号のテプラを貼付けした充電器を学級へ配当する。

・　通常時は学級にて使用し、タブレット持ち帰り時には該当端末児童へ持たせる。

・　基本的には学校保管とするが、学級の実態に合わせても構わない。

（3）キーボードについて　【 sheet 名：キーボード 】

・　学級へ児童数分のキーボードを配当する。

・　キーボード端末番号と教室をリンクし、学級備付けとして管理する。

・　配当基準は、3 学年～6 学年及び特別支援学級とする。（4 学年分しか配当されていない）

・　破損等があれば、予備分と交換して対応する。

・　修理は、タブレット端末管理者　→　管理職（教頭）　→　研セのルートにて迅速に処理する。

・　年度更新作業は、教室備付けのため、不足分は新たに配当し、余剰分は引き上げる。

（4）保管庫の活用について　【 sheet 名：保管庫 】

・　保管庫台数 18 台

・　詳細は、ロイロノートにて確認する。

　　「資料箱」▷「学内（先生のみ）」▷「一人一台端末(iPad)」▷「4 保管庫情報（校内）」

（5）修理について　【 sheet 名：修理状況 】

・　GIGA スクール運営支援センターICT ヘルプデスクとの端末不具合のやりとりを記録する。

（6）タブレットペンについて

・　2022(R4)年度に、高学年分は整備済み。（175 本+175 本=350 本）

・　2023(R5)年度は、低・中学年の整備を使用状況を基に判断する。

〜今後の検討事項〜

◆ 学級における端末及びキーボード管理について

　各学年の実態に合わせて管理しているが、学校組織としての学級における管理体制を構築したほうがよい。

2

4　一人一台端末 D.B.について

- Excel のテーブル機能を用いたデータにより管理する。
- データの修正を行う際に、抽出状態でオートフィル機能や一括コピペ等は、データが誤って更新されるため注意する。行 No が連続していない場合は、1 行ずつ対応する。
- 基本的に色付きセル（黄色）を更新する。
（学年・組・番号、児童氏名、充電器配当、特支アプリ、備考 etc.）

（参考）

～ タブレット端末情報（富田東小） ～　　　R5.2.1　　　【R4年度配当】

クラス

1年1組	1年2組	1年3組	1年4組	1年5組	2年1組	2年2組
2年3組	2年4組	2年5組	2年6組	3年1組	3年2組	3年3組
3年4組	3年5組	4年1組	4年2組	4年3組	4年4組	4年5組

通信：LTE　Wi-Fi　(空白)

N	端末表示名	クラス	年	組	番	児童氏名	通信	充電	アプ	備考
586	○○○○○	6年1組	6	1	1	○○　○○	Wi-Fi	配当		
587	○○○○○	6年1組	6	1	2	○○　○○	Wi-Fi			
588	○○○○○	6年1組	6	1	3	○○　○○	Wi-Fi	配当		
589	○○○○○	6年1組	6	1	4	○○　○○	Wi-Fi			
590	○○○○○	6年1組	6	1	5	○○　○○	Wi-Fi			
591	○○○○○	6年1組	6	1	6	○○　○○	Wi-Fi	配当		
592	○○○○○	6年1組	6	1	7	○○　○○	Wi-Fi			
593	○○○○○	6年1組	6	1	8	○○　○○	Wi-Fi	配当		
594	○○○○○	6年1組	6	1	9	○○　○○	Wi-Fi			
595	○○○○○	6年1組	6	1	10	○○　○○	Wi-Fi			
596	○○○○○	6年1組	6	1	11	○○　○○	Wi-Fi	配当		
597	○○○○○	6年1組	6	1	12	○○　○○	Wi-Fi			
598	○○○○○	6年1組	6	1	13	○○　○○	Wi-Fi			
599	○○○○○	6年1組	6	1	14	○○　○○	Wi-Fi			
600	○○○○○	6年1組	6	1	15	○○　○○	Wi-Fi	配当		
601	○○○○○	6年1組	6	1	16	○○　○○	Wi-Fi			
602	○○○○○	6年1組	6	1	17	○○　○○	LTE			
603	○○○○○	6年1組	6	1	18	○○　○○	Wi-Fi			
604	○○○○○	6年1組	6	1	19	○○　○○	Wi-Fi			
605	○○○○○	6年1組	6	1	20	○○　○○	Wi-Fi			
606	○○○○○	6年1組	6	1	21	○○　○○	Wi-Fi			
607	○○○○○	6年1組	6	1	22	○○　○○	Wi-Fi			
608	○○○○○	6年1組	6	1	23	○○　○○	Wi-Fi			
609	○○○○○	6年1組	6	1	24	○○　○○	Wi-Fi			
610	○○○○○	6年1組	6	1	25	○○　○○	Wi-Fi			
611	○○○○○	6年1組	6	1	26	○○　○○	Wi-Fi			
612	○○○○○	6年1組	6	1	27	○○　○○	Wi-Fi			
779	○○○○○	6年1組	6	1	28	○○　○○	Wi-Fi			
911	○○○○○	6年1組	6	1		○○　○○	Wi-Fi			学級担任用
集計	〔配当数〕	29						6		1

全体【Wi-Fi】	864	Wi-Fi 青タブ	未配当【Wi-Fi】	3	
全体【LTE】	145	LTE カラー	未配当【LTE】	0	3
本校	1,009				0

3

一人一台端末運用管理マニュアル（富田東小）

5　転出・転入処理について

学籍担当　→　タブレット端末管理者　→　ソフトウェア管理者

　　　〃　　　　　　　　　　　　→　情報教育推進員　→　学級担任

≪転出（市外）≫

タブレット端末管理者	・GIGA スクール運営支援センターICT ヘルプデスクへ連絡する。 【連絡事項】タブレット番号、転出先学校、転出予定日 ・郡山市教育研修センターHP へアクセスし、Google フォームにて報告 　教育情報　→　児童生徒 FCS 個人アカウント各種フォーム 　　　　→　転出（郡山市外） ※校内にてソフトウェア管理者及び情報教育推進員へ指示する。
ソフトウェア管理者	・アプリ等のアカウントの削除 （スタディサプリ、ロイロノート etc.） ※情報教育推進員と連携して行う。
情報教育推進員	・端末上（HDD）に保存されているデータの削除（GIGA じまい） ・インターネット閲覧履歴の削除（GIGA じまい） ・パスコード解除 ・端末を回収し、タブレット端末管理者へ届ける。 　　　　　　　　（充電器配当児童の場合は、充電器も回収する。） ※該当児童の学級担任と連携して行う。

≪転出（市内）≫

タブレット端末管理者	・GIGA スクール運営支援センターICT ヘルプデスクへ連絡する。 【連絡事項】タブレット番号、転出先学校、転出予定日 ※校内にてソフトウェア管理者及び情報教育推進員へ指示する。
ソフトウェア管理者	・スタディサプリ、ロイロノートアカウントの削除 ・スタディサプリ所属間変更：転出処理もしくはサポートデスクへ連絡 ※情報教育推進員と連携して行う。
情報教育推進員	・市内転出の場合は、基本的に同一端末を使用することとなる。 ・転出児童へ「端末・ライトニングケーブル・充電器」を持たせる。 ・充電器が配当されていない児童については充電器を持たせる必要があるため、タブレット端末管理者へ申し出る。 ※該当児童の学級担任と連携して行う。

≪転入（市外）≫

タブレット端末管理者	・GIGA スクール運営支援センターICT ヘルプデスクへ連絡する。 【連絡事項】転入先学校、転入予定日 ・郡山市教育研修センターHP へアクセスし、Google フォームにて報告 　教育情報　→　児童生徒 FCS 個人アカウント各種フォーム 　→　転入（郡山市外） ・「一人一台端末データベース」の更新、端末準備 ・タブレット端末利用許可書の確認 ※校内にてソフトウェア管理者及び情報教育推進員へ指示する。
ソフトウェア管理者	・アプリ等のアカウントの作成 （スタディサプリ、ロイロノート etc.） ※情報教育推進員と連携して行う。
情報教育推進員	・タブレット端末利用許可書の回収 ※該当児童の学級担任と連携して行う。

≪転入（市内）≫

タブレット端末管理者	・GIGA スクール運営支援センターICT ヘルプデスクへ連絡する。 【連絡事項】転入先学校、転入予定日 ・郡山市教育研修センターHP へアクセスし、Google フォームにて報告 　教育情報　→　児童生徒 FCS 個人アカウント各種フォーム 　→　転出入（郡山市内） ・「一人一台端末データベース」の更新、端末準備 ・タブレット端末利用許可書の確認 ※校内にてソフトウェア管理者及び情報教育推進員へ指示する。
ソフトウェア管理者	・アプリ等のアカウントの作成 （スタディサプリ、ロイロノート etc.） ※情報教育推進員と連携して行う。
情報教育推進員	・タブレット端末利用許可書の回収 ※該当児童の学級担任と連携して行う。

6　年度末・始の端末移行について

　　タブレット端末管理者の指示に従うこと。

　　「一人一台端末データベース」の情報更新を行い、組織としての管理体制を行う。

≪年度末≫

（1）6学年のタブレット端末及び充電器の回収（GIGA じまい、ロイロノート、スタサブ等の処理）

（2）転出児童のタブレット端末及び充電器の回収（GIGA じまい、ロイロノート、スタサブ等の処理）

（3）転出職員のタブレット端末及び充電器の回収（GIGA じまい、ロイロノート、スタサブ等の処理）

（4）他校へのタブレット端末の移設処理（場合に応じる）

≪年度始≫

（1）転入職員へタブレット端末の配当

（2）1学年へタブレット端末の配当（利用承諾書、充電器、ネット環境の確認後）

（3）転入児童へタブレット端末の配当（利用承諾書、充電器、ネット環境の確認後）

7　その他

（1）ISGC アシストについて

　　Wi-Fi 端末アプリ『mobiApps』よりアップデート可能

　　「教授用」or「GIGA」→「専用アプリ」を開き、アップデートを要求する。

（2）L-Gate のアイコンについて

　　ショートカットキーのため、複数作成してしまった場合、現時点は削除できない。

　　（翌年度、対応できるよう研セにて検討段階）

＊　資料掲載　～「資料箱」▷「学内（先生のみ）」▷「一人一台端末(iPad)」～

フォルダ	資料
1　運用マニュアル	・GIGA じまい ・一人一台端末運用管理マニュアル（富田東小）
2　端末配当情報	・学年 ▷ 学級
3　キーボード配当情報	・3～6学年、特別支援
4　保管庫情報	・保管庫情報
5　資料等	・1人1台タブレット端末管理運用の手引き(R4 年 3 月) ・情報教育担当者研修会（R4）

6

一人一台端末運用管理マニュアル（富田東小）

■引用・参考文献等

- ●泉田洋介（2022）「学校事務新時代 GIGAスクール・教育ICTと事務職員② 学校組織における活用推進」『週刊教育資料』No.1681、教育公論社、pp.36-37

- ●稲葉一将（2023）「デジタル改革による公教育と行政組織の転形」日本教育法学会 編『教育政策と教育裁判の軌跡と新動向』有斐閣、pp.109-118

- ●井上和雄（2022）「『あったらいいな』——子どもの思いと願いを反映した学校予算の執行」『学校事務ベーシック2　学校財務がよくわかる本』学事出版、pp.80-87

- ●井上和雄（2023）「学校事務新時代GIGAスクール・教育ICTと事務職員⑤活用推進に寄与するために」『週刊教育資料』No.1688、教育公論社、pp.36-37

- ●上松恵理子（2021）『小学校にオンライン教育がやってきた！』三省堂

- ●大塚正則（2017）「教員の担うべき業務に専念する環境の確保を目指した学校組織全体の業務適正化の在り方について」茨城県教育研究会教育論文集第52集

- ●大塚正則（2020）「学校事務共同実施における組織的な学校マネジメントの在り方」茨城県教育研究会教育論文集第55集

- ●大谷忠（2022）「STEAM教育のさらなる広がり」教育の未来を研究する会 編『最新教育動向2023』明治図書出版、pp.106-109

- ●川崎雅和・栁澤清香（2021）『就学支援がよくわかる本』学事出版

- ●厚生労働省（2023）『令和5年版　厚生労働白書－つながり・支え合いのある地域共生社会－』

- ●総務省（2023）『令和5年版情報通信白書』

- ●為田裕行（2021）『一人1台のルール——自由に情報端末を使えるようになるために』さくら社

- ●林向達（2012）「日本の教育情報化の実態調査と歴史的変遷」『日本教育工学会研究報告集』12巻第4号pp.139-146

- ●福嶋尚子（2012）「教材整備に関する基準の展開と問題点」世取山洋介・

福祉国家構想研究会 編『公教育の無償性を実現する』大月書店、pp.276-302

●福嶋尚子（2020）「教師の自立性（教師の教育権）」中嶋みさき・中井睦美 編『やさしく学ぶ教職課程 教師論』学文社、pp30-31

●福嶋尚子（2022）「学校財務実践を支える制度論の現状と展望（私費編）」『学校事務』2022年10月号、学事出版、pp.14-17

●藤原文雄 編（2017）『事務職員の職務が「従事する」から「つかさどる」へ──学校教育法第37条第14項「事務職員は、事務をつかさどる」とはどういうことか』学事出版

●藤原文雄（2020）『スクールビジネスリーダーシップ──教育的素養を有した「リソースマネジャー」としての学校事務職員』学事出版

●藤原文雄他 編（2022）『スクールファシリティ・マネジメント──「学びの環境デザイナー」としての学校事務職員』学事出版

●文部科学省（2022）『生徒指導提要（令和4年12月改訂版）』

●文部科学省（2021）『全国の学校における働き方改革事例集（令和3年3月改訂版）』

●柳澤靖明（2019）『学校徴収金は絶対に減らせます。』学事出版

●柳澤靖明（2022）「学校財務マネジメントの確立」藤原文雄他 編『カリキュラム・学校財務マネジメント──児童生徒の学びの質を高める学校事務職員』学事出版、pp.101-108

●柳澤靖明・福嶋尚子（2019）『隠れ教育費』太郎次郎社エディタス

○風岡治（2020）「主体性ある学校づくりを実現する学校財務マネジメント」NITSニュース第142号、独立行政法人教職員支援機構 https://www.nits.go.jp/service/magazine/2020/20200911_001.html（最終閲覧日2024.01.30）

○Classiウェブサイト「公立小中学校における保護者連絡用デジタルツール導入状況について調査」 https://corp.classi.jp/news/2615/（最終閲覧日2024.1.20）

○文部科学省ウェブサイト「『教育の情報化に関する手引』について」

https://www.mext.go.jp/a_menu/shotou/zyouhou/detail/mext_00117.html（最終閲覧日2024.01.30)

○文部科学省ウェブサイト「GIGAスクール構想の下で整備された1人1台端末の積極的な利活用等について」

https://www.mext.go.jp/a_menu/shotou/zyouhou/detail/mext_01350.html（最終閲覧日2024.01.30)

○文部科学省ウェブサイト「リーディングDXスクール事業に関すること」

https://www.mext.go.jp/a_menu/shotou/zyouhou/detail/mext_02445.html（最終閲覧日2024.01.30)

○文部科学大臣メッセージ「子供たち一人ひとりに個別最適化され、創造性を育む教育 ICT 環境の実現に向けて〜令和時代のスタンダードとしての１人１台端末環境〜」令和元年12月19日

https://www.mext.go.jp/content/20191225-mxt_syoto01_000003278_03.pdf（最終閲覧日2024.01.30)

○リーフレット「Teams for Education——コラボレーション ハブで始める教育改革」マイクロソフト株式会社

https://www.microsoft.com/cms/api/am/binary/RE4r1Mk（最終閲覧日2024.01.30)

おわりに──ベーシックからスペシャライゼーションへの接続

　教育ICTについて理解を深めることができたでしょうか。みなさんが仕事を進める際に、本書をお手元に置いていただけていれば幸いです。

　社会のICT化が進むなかで、学校においても日常的にICTを活用する環境を整備していくことは不可欠であり、教育の質の向上を図るためにもその活用をこれまで以上に推進していく必要があります。そして、本書をお読みいただき、共感いただけた方に、次の類書を紹介させていただきます。

　教育活動にさらにかかわっていこうとするならば、**堂徳将人（2023）『高等学校ICT活用で実現する個別最適な学び・協働的な学び』**がお勧めです。高校の事例ではありますがとても参考になりますし、義務教育との接続についても書かれていて、小・中学校で何をすべきかの気づきも得られます。

　また、もしあなたが学校でパイオニア的にDXを推進していきたいと思っているなら、**魚住惇（2023）『逆境に負けない 学校DX物語』**がお勧めです。さまざまな逆境を乗り越えていく姿が楽しく描かれています。知識を得るととともに頑張ろうという気持ちも喚起してくれます。

　学校における教育のICT化の説明を受けると、「Society5.0」や「IoT」「ビッグデータ」「AI」などの用語が並びます。でも、実際の現場では業務のデジタル化にとどまっていることもあり、将来像を見失いそうになることもあります。そんなときに読んでいただきたいのが、**特定非営利活動法人みんなのコード編著（2023）『学校の生成AI実践ガイド』**です。生成AIが学校教育にどのような影響を与えるのか、それをどう活用していくのかを示してくれています。未来を考えるきっかけとなるはずです。

　本書はおもな読者として、事務職員、あるいは学校運営や経営を担う管理職、教育委員会などで「教育ICT」を所管される方々を想定して執筆いたしました。事務職員の方々には、自らの専門性に鑑みて具体的な取組につながることを願います。管理職や教育委員会の方々におかれましては、学校現場の状況と事務職員の専門性が伝わり、事務職員に大いに期待と要求をしていただけることを願いまして、本書を閉じさせていただきます。

編著者・前田雄仁

■編著者プロフィール

栁澤靖明(やなぎさわ・やすあき)──はじめに、第1章1、2

埼玉県の小学校（7年）中学校（15年）に事務職員として勤務し、現在は川口市立青木中学校事務主幹。「事務職員の仕事を事務室の外へ開き、教育社会問題の解決に教育事務領域から寄与する」をモットーに、教職員・保護者・子ども・地域、そして現代社会へ情報を発信している。

研究関心は、家庭の教育費負担・修学支援制度。具体的には、「教育の機会均等と無償性」「子どもの権利」「PTA活動」などをライフワークとして研究している。勤務と並行し、中央大学法学部通信教育課程で学び（2018年卒業──卒業論文：子どもの教育を受ける権利保障の法原理的考察）、校内でリーガルサポートにも取り組む。

日本教育事務学会理事、学校事務法令研究会会長、川口市立労働安全衛生委員、川口市教育研究会事務局長、「隠れ教育費」研究室チーフディレクターなどをつとめる。

主な著書に『教師の自腹』（共著・東洋館出版社）、『隠れ教育費』（共著）『本当の学校事務の話をしよう』（ともに太郎次郎社エディタス）、『学校徴収金は絶対に減らせます。』『事務だよりの教科書』（ともに学事出版）など。

前田雄仁(まえだ・かつひと)──第1章3、おわりに

埼玉県の小学校（8年）中学校（25年）に事務職員として勤務し、現在は嵐山町立玉ノ岡中学校に事務主幹として勤務するとともに、嵐山町共同学校事務室において室長を務めている。また、社会教育士として、嵐山町立菅谷小・中学校学校運営協議会の委員も務めている。さらに、学校での業務と並行して、2014年5月から全国公立小中学校事務職員研究会の理事を務めた後、研究開発部長などを歴任し、2023年8月からは同会長を務めている。

兵庫教育大学大学院学校教育研究科教育実践高度化専攻教育政策リーダーコースで学び（2022年卒業──教育政策課題研究「学校の自主性・自律性の確立に対する財務における裁量権限の検討」）、学校財務、事務職員、共同学校事務室などについて研究を行っている。共編著に『スクールファシリティ・マネジメント──「学びの環境デザイナー」としての学校事務職員』（学事出版）がある。

■執筆者一覧

土屋百代（つちや・ももよ）——第2章1
　静岡県　裾野市立西中学校・事務主査

眞舩貴之（まふね・たかゆき）——第2章2
　群馬県　東部教育事務所・主幹

松井政徳（まつい・まさのり）——第2章3
　愛知県　瀬戸市立瀬戸特別支援学校・主任

井上和雄（いのうえ・かずお）——第3章1
　兵庫県　神戸市教育委員会事務局・事務職員

小林愛美（こばやし・まなみ）——第3章2
　千葉県　栄町立布鎌小学校・副主査
　　　　　（執筆時は、成田市立下総みどり学園・副主査）

吉村圭司（よしむら・けいじ）——第3章3
　石川県　加賀市立橋立小学校・中学校・主任主事

上間啓史（うえま・ひろふみ）——第4章1
　沖縄県　石垣市立名蔵小中学校・事務主任

大塚正則（おおつか・まさのり）——第4章2
　茨城県　牛久市立ひたち野うしく中学校・係長

泉田洋介（いずみだ・ようすけ）——第4章3
　福島県　須賀川市立義務教育学校稲田学園・主査

※編著者・執筆者の所属・職名は刊行日時点のものです。

学校事務ベーシック4

教育ICTがよくわかる本
──**総務・財務をつかさどり、教育支援を進めるためのICT活用**

2024年6月18日　初版第1刷発行

編 著 者　栁澤靖明・前田雄仁
発 行 者　鈴木宣昭
発 行 所　学事出版株式会社
　　　　　〒101-0051　東京都千代田区神田神保町1-2-5
　　　　　電話03-3518-9655
　　　　　https://www.gakuji.co.jp
編集担当　若染雄太

デザイン・装丁　株式会社明昌堂
印刷・製本　　　研友社印刷株式会社